Petra Ketelsen & Antonetta Etter

AdventsWerkstatt

mit Zeichnungen von

Verena Schleiffenbaum

&

Fotos von

Thomas Sbampato

Zytglogge Werkbuch

Abkürzungen

A	Auftrag		
G	Gedicht	M	Mittelstufe
T	Text	O	Oberstufe
L	Lied	EA	Einzelarbeit
B	Bastelanleitung	PA	Partnerarbeit
U	Unterstufe	GA	Gruppenarbeit

Lektorat: Hugo Ramseyer
Satz & Layout: Petra Ketelsen
Werkarbeiten: Antonetta Etter
Zeichnungen: Verena Schleiffenbaum
Fotos: Thomas Sbampato
Druck: AZ Druck und Datentechnik GmbH, Kempten

ISBN 3-7296-0656-5

Wir danken allen SchülerInnen und KollegInnen unserer Schulen, die durch aktive Teilnahme, persönliche Motivation und unglaublich viel Engagement und Geduld zu dieser Materialsammlung beigetragen haben. Gleichfalls geht unser herzlicher Dank an unsere TeamkollegInnen und PartnerInnen für die unkomplizierte, freudvolle Zusammenarbeit.

Zytglogge Verlag, Eigerweg 16, CH-3073 Gümligen BE
www.zytglogge.ch info@zytglogge.ch

Inhalt

Abkürzungstafel für die SchülerInnen

A	Arbeitsblatt
G	Gedicht
T	Text
B	Bastelidee
*	Zusatzaufgabe
	Einzelarbeit
	Partnerarbeit
	Gruppenarbeit

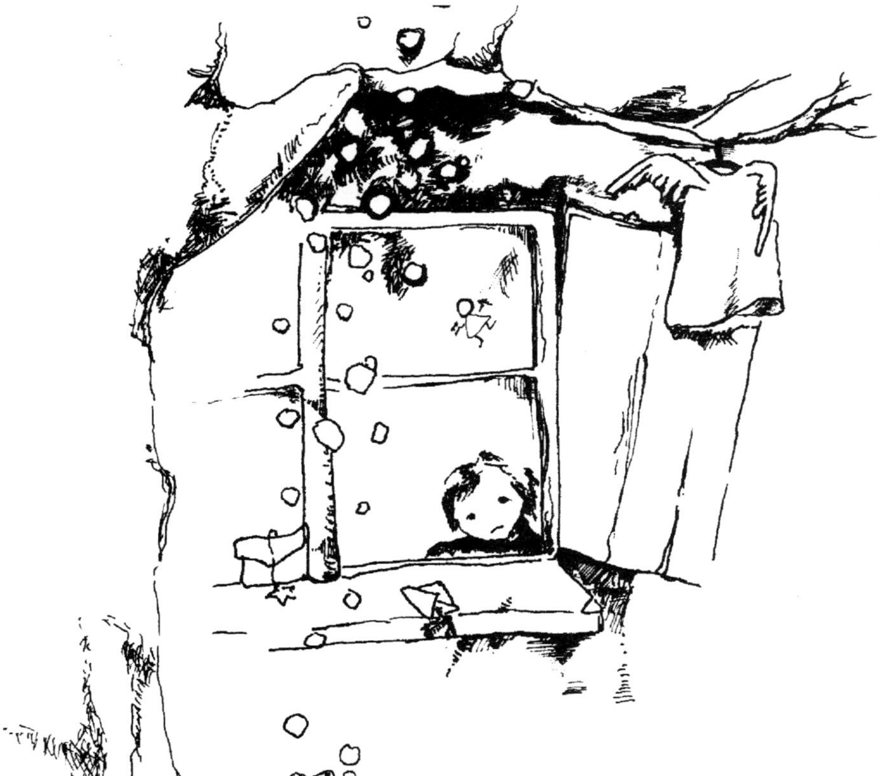

EINLEITUNG

Jutta Richter

Stell dir vor ...

Was würdest du machen, wenn
Weihnachten wär,
und kein Engel würde singen.
Es gäbe keine Geschenke mehr,
kein <Süsser-die-Glocken-nie-klingen>.
Im Fernsehen hätte der Nachrichtensprecher
Weihnachten glatt vergessen.
Und niemand auf der ganzen Welt
würde süsse Lebkuchen essen.
Die Nacht wäre kalt.
Dicke Schneeflocken fielen, als hätt sie der Himmel verloren.
Und irgendwo in Afghanistan
würde ein Kind geboren.
In einem Stall, stell es dir vor.
Die Eltern haben kein Haus.
Was glaubst du, wie ginge wohl dieses Mal
eine solche Geschichte aus?

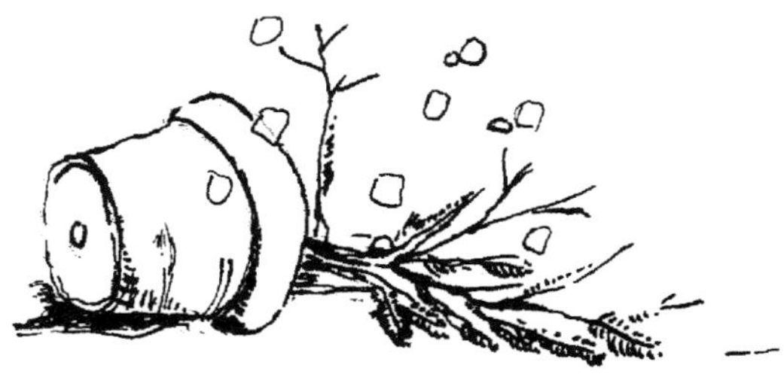

Weihnachten in der Schule

Alle Jahre wieder ...

Weihnachten wirft wochen-, ja monatelang seine Schatten oder Lichter voraus: Reklame, Girlanden, Weihnachtsmarkt, Radio, Fernsehen, Printmedien kündigen das Weihnachtsfest an. Karten und Briefe schreiben, Geschenke basteln und einkaufen, Lieder und Gedichte üben, Reisevorbereitungen treffen halten einen in Atem. Eine <Stille Zeit> ist die Vorweihnachtszeit wohl nur noch für die Einsamen in unserer Gesellschaft oder für die, die sie bewusst als solche gestalten.

Auch die Schule wird durch Weihnachten massiv beeinflusst. Verlegenheit oder Widerwillen gegen den Feierrummel bei den einen, Freude an den weihnachtlichen Vorbereitungen bei den anderen und Engagement bei den Dritten, die einen pädagogischen Auftrag aus der Weihnachtsbotschaft ableiten. Jeder verarbeitet diese alljährliche Konfrontation mit Glauben, Tradition und Konsum auf seine Art.

Da ist der Lehrer, der mit seinen SchülerInnen in der Primarschule eine fröhlich-drastische Weihnachtsgeschichte inszeniert; die Kollegin der Oberstufe, welche ihre Jugendlichen vor einem Adventskranz aus Stacheldraht über die Situation politischer Gefangener nachzudenken anhält und an die Arbeit von Amnesty International erinnert; die Schulklasse, die einen Weihnachtsbazar vorbereitet, um Geld für UNICEF zu sammeln; ein Lehrer, der sich aufgrund des hohen Ausländeranteils in seiner Klasse weigert, Weihnachten überhaupt in den Klassenraum einziehen zu lassen; die Lehrerin, die mit ihrer Klasse die Weihnachtswerbung aufs Korn nimmt; die DrittklässlerInnen, die jeden Morgen im Kerzenschein des selbst gebastelten Adventskranzes Weihnachtslieder singen.
Vor allem die Lehrkräfte der unteren Klassen sind gefordert, weil es die Kinder und auch viele Eltern von ihnen erwarten.

Trotzdem kennen laut einer aktuellen Umfrage in Deutschland gerade mal 19% der Schulkinder die Weihnachtsgeschichte, können Ursprung und Botschaft formulieren. Weihnachten als Thema in der Schule bedeutet für viele nur basteln und Gedichte lernen. Das ist wohl doch zu wenig.

Werkstatt-Unterricht

Schule ohne Weihnachten ...

Ich kenne Mittelstufenlehrkräfte, die finden, Weihnachten sei ein Familienfest und gehöre nicht in die Schule. Bei ihnen werden keine Weihnachtslieder gesungen, keine Weihnachtsgeschenke gebastelt und auch keine Weihnachtsgeschichten gelesen.
Ich respektiere, dass Weihnachten nicht für alle die gleiche Bedeutung hat, dass im Rahmen unserer Religionsfreiheit für viele andere Werte gelten und dass der alljährliche Weihnachtsrummel einen <ganz schön ablöschen> kann.

Aber kommt es in der Schule nicht in erster Linie darauf an, den Kindern unsere Welt verständlich und begreifbar zu machen? Sollten unsere Kinder nicht alle Blickwinkel unseres Alltags kennen lernen, um irgendwann mündig und entscheidungsfähig zu sein? Soll nicht die Schule alte und neue Werte unter einen Hut bringen? Und sollte nicht jeder seinen kulturellen Ursprung kennen?
In all den Jahren meiner Lehrerzeit habe ich noch kein Kind getroffen, das nicht gerne feiert, singt und tanzt, das nicht gerne Geschenke bastelt, gibt und bekommt, das sich nicht auf die Weihnachtszeit freut. Warum also diese <besinnliche Zeit> nicht zu dem machen, was sie eigentlich immer war – ein **Fest der Nächstenliebe**, das jeder mitfeiern kann, egal welchem Glauben er angehört.

Ziele einer Adventswerkstatt

Allzu oft werden beliebte Weihnachtsmaterialien dazu missbraucht, vom Lehrplan vorgegebene Lernziele oder Lerntechniken – z.B. in Grammatik, Rechtschreibung oder Dreisatz – zu erfüllen. Dabei geht es gerade in dieser Zeit um ganz andere Werte. Heisst <besinnliche Zeit> nicht, dass der schulische Alltag einmal vergessen werden darf?
Damit sei nicht gesagt, dass sich die hier gesammelten Ideen, Texte und Arbeitsaufträge völlig vom vorgegebenen Lehrplan und einem eng gestrickten Jahresplan abkehren – im Gegenteil, sie setzen die zu erlernenden Techniken teils voraus und oft unterstützen sie diese. Mehrfach habe ich die Erfahrung gemacht, dass Kinder gerade dann Lernfähigkeiten aufzeigten, wenn der schulische Auftrag nicht mehr so offensichtlich war.
Mit dieser AdventsWerkstatt hoffen wir, den Spass am Lernen weiter zu festigen respektive ihn ein Stück weit in die Schule zurückzubringen, mit neuen Motivationen und Ideen. Vor allem möchten wir Einsichten zu folgenden zwei Bereichen vermitteln:

Tradition und Zukunft
Es lohnt sich durchaus, den Staub so mancher vergessenen Tradition abzuklopfen, Bewährtes mit Neuem zu vergleichen und mit heutigen Massstäben zu verknüpfen.

Sachlichkeit und Mythologie
Das Beleuchten der Hintergründe führt oft zu mehr Verständnis für Irrationales und lässt es auch die heutige Generation wieder geniessen, wenn man Legenden mit der Realität konfrontiert, ohne ihren Zauber zu brechen.

Weihnachten soll wieder eine besondere Zeit werden, auch in der Schule – in Unterrichtsform, Material, Auftrag.
Zu vielen Arbeitsblatt-Aufträgen gibt es keine Lösung, weil es dort keine allgemein gültige Lösung gibt. Für einige Kinder kann das sehr unbefriedigend sein, weil sie es gewohnt sind, <schwarz/weiss> zu lernen. Aber diese AdventsWerkstatt soll Farbe in den schulischen Alltag bringen, Diskussionen anregen, Individualität und Gemeinschaftssinn fördern. Der Klassengeist soll sich zu einem harmonischen Ganzen zusammenfügen und jedem Einzelnen die Befriedigung geben: „Ich kann mich voller Lust auf eine Aufgabe stürzen, ohne etwas falsch zu machen."

Fakten zum Weihnachtsbrauch

Unser heutiges Weihnachtsfest geht teilweise auf vorchristliche Traditionen zurück, weil schon vor Christi Geburt orientalische Sonnenwende- und Götterdankfeste, das römische Saturnfest (Saatfest) vom 17. bis 23. Dezember, das jüdische Lichtfest am 25. Dezember (Rückeroberung Jerusalems 165 v.Chr.) und andere mehr existierten. Bis ca. 200 n.Chr. wurde am 6. Januar die Taufe Christi, nicht seine Geburt, gefeiert.
325 n.Chr. beschloss das Konzil zu Nicäa, dass Jesus Gott wesensgleich sei. Und 381 n.Chr. legte das Konzil von Konstantinopel fest, dass der Tag der Geburt Jesu fortan gefeiert wird. Die Datumswahl der Nacht vom 24. auf den 25. Dezember hängt vermutlich mit dem Geburtstag des iranischen Sonnengottes zusammen (Konkurrenzdenken).
Mit der Christianisierung breitete sich das Feiern des Heiligen Abends über ganz Mitteleuropa aus. 813 n.Chr. wurde das Weihnachtsfest an der Synode von Mainz zum Kirchenfest erklärt. 1310 verlegte man den Jahresanfang auf den 25. Dezember. Dieser wurde erst 1691 auf den 1. Januar zurückdatiert.
Barbara- und Mistelzweig wie auch Knecht Ruprechts Rute sind auf die germanische Allerseelenfeier (Julfest), ein Opfer- und Totenfest mit Fruchtbarkeitsriten und Zauberhandlungen, zurückzuführen, der Christbaum auf den Festbaum der Sonnenwende.
Die Bescherung am Heiligen Abend ist erst seit 1795 bekannt.

Organisation & Durchführung

Die AdventsWerkstatt ist so angelegt, dass sie eine Lehrperson durch verschiedene Stufen begleiten und ihr für viele Jahre Weihnachtsprogramme liefert. Jedes Jahr kann so ein anderer Schwerpunkt gesetzt oder eine andere Auswahl quer durch alle Themen vorgenommen werden. Geschrieben wird in ein AdventsWerkstattheft (AWHeft).
Bevor die Kinder mit der AdventsWerkstatt konfrontiert werden, bedarf es einer genauen Einführung, in der sowohl Vorgehensweise als auch Zielsetzung klar dargelegt werden.

Arbeitspass

Mit Hilfe des Arbeitspasses kann nach Belieben Buch geführt werden. Unsere Arbeitspass-Vorschläge orientieren sich am Adventskalender vom 1. bis zum 24. Dezember, mit dem Heiligen Abend als Ende der Wartezeit.
Es bleibt jeder Lehrperson überlassen, wie intensiv sie das jeweilige Thema behandeln will.
Sicher erfüllt auch eine einfache Tabelle als Arbeitspass ihren Zweck.

Arbeitspass von ______________________________

Klebe nach jedem erledigten Auftrag ein Bildteil in deinen Arbeitspass. Nach 24 Aufträgen ist das Bild vollständig.

1	2	3	4
5	6	7	8
9	10	11	12
13	14	15	16
17	18	19	20
21	22	23	24

24-teiliges Puzzle für den Arbeitspass Unterstufe

Dieses Puzzle für jedes Kind kopieren, den Linien entlang zerschneiden und in mit den Namen der SchülerInnen beschrifteten Briefumschlägen aufbewahren.

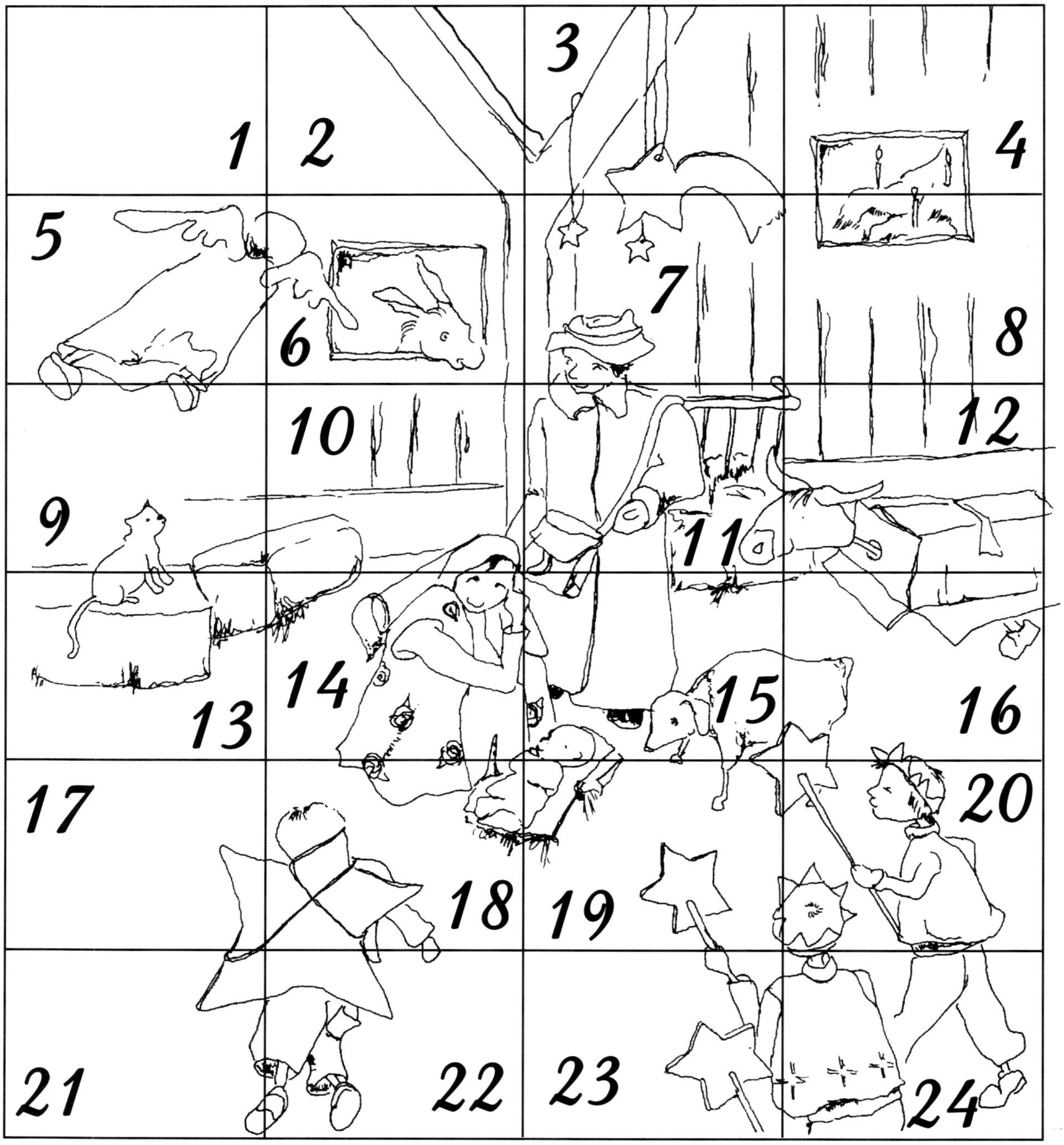

24-teiliges Puzzle für den Arbeitspass   Mittelstufe

Dieses Puzzle für jedes Kind kopieren, den Linien entlang zerschneiden und in mit den Namen der SchülerInnen beschrifteten Briefumschlägen aufbewahren.

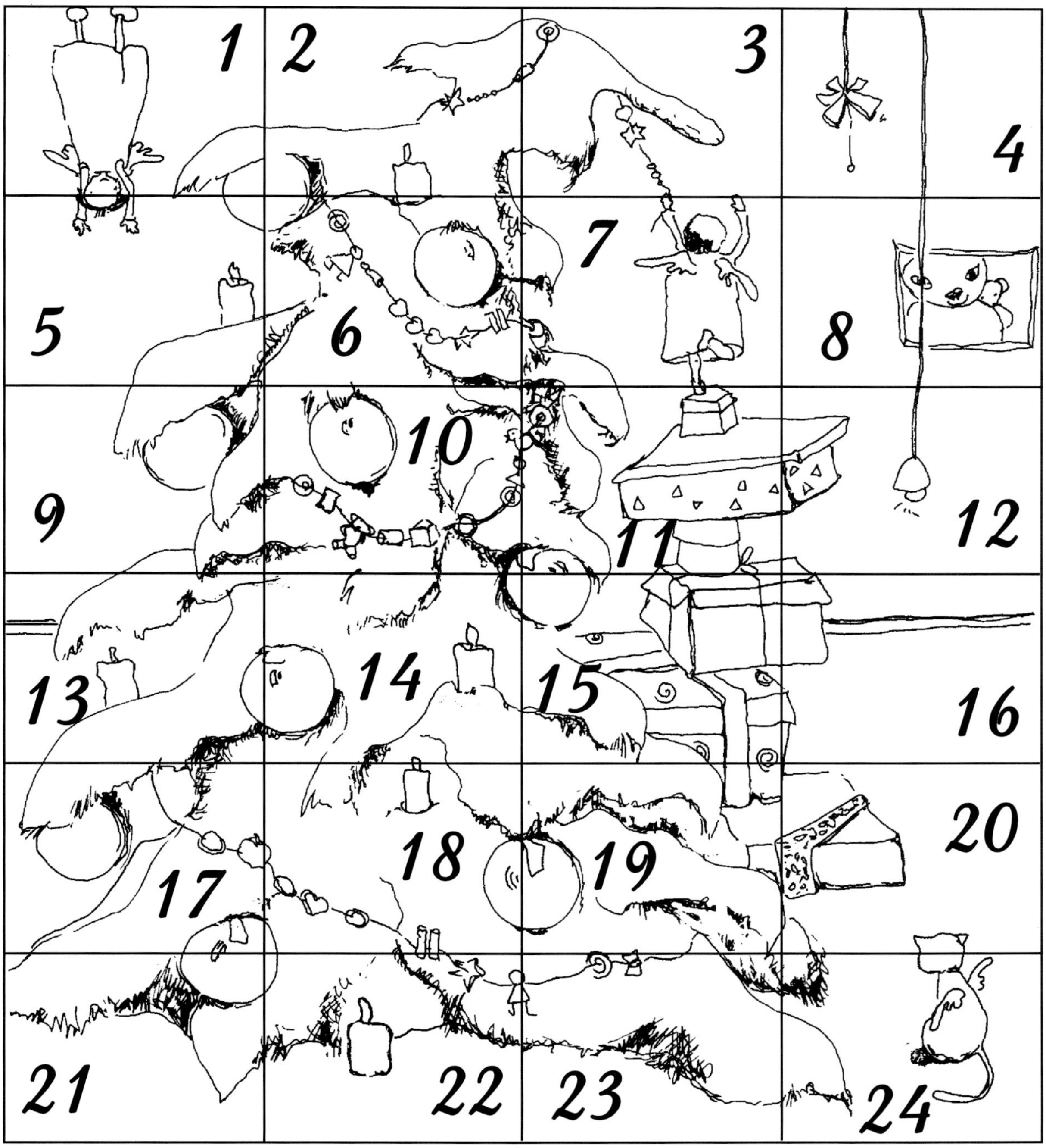

24-teiliges Puzzle für den Arbeitspass Oberstufe

Dieses Puzzle für jedes Kind kopieren, den Linien entlang zerschneiden und in mit den Namen der SchülerInnen beschrifteten Briefumschlägen aufbewahren.

ADVENT

Advent, Advent,
ein Lichtlein brennt.
Erst eins, dann zwei,
dann drei, dann vier,
dann steht das Christkind vor der Tür.

Advent, Advent,
Ein Lämmlein rennt.
Erst eins, dann zwei,
dann drei, dann vier,
dann läuft die ganze Herde,
dann wackelt diese Erde.

Der Schäfer und sein Schäferhund,
die stehen da mit offnem Mund.
Der Schäfer staunt,
der Hund, der bellt
zur Weihnacht unterm Sternenzelt.

Das Wort <Advent> leitet sich vom lateinischen „advenire“ (ankommen) ab – Advent als das Warten auf die Ankunft Jesu Christi, auf das eigentliche Weihnachtsfest.
Früher bedeutete diese Wartezeit Kälte, Hunger, Entbehrung und seelische Reinigung. Daher wurde sie von der Kirche zur Fastenzeit erklärt. Aus dieser traditionellen Bedeutung der Adventszeit als Fastenzeit heraus wird vielerorts am 24. Dezember Fisch gegessen.
Heute bereitet sich jeder in der Adventszeit auf das bevorstehende Weihnachtsfest auf seine eigene Weise vor: In den Läden finden die weihnachtlichen Auslagen immer früher ihren Platz und lassen keinen darüber im Zweifel, dass die Bescherung des Heiligen Abends naht; Hilfsorganisationen bombardieren die Briefkästen mit Spendengesuchen und Einzahlungsscheinen, weil Weihnachten doch das Fest der Nächstenliebe ist; Städte veranstalten ihren Weihnachtsmarkt, und gibt es keinen attraktiven Markt in der Nähe, so werben Reisebusunternehmen und Fluglinien mit Billigangeboten zum Christkindlmarkt in London, München, Nürnberg oder New York; die Kirchen veranstalten Gospelkonzerte, weil es Zeit ist, wieder einmal an den Heiland zu denken; und nebenbei wird gebastelt, gebacken, der Wunschzettel geschrieben und dekoriert, weil die familiärste Phase des Jahres gekommen ist.
Will man all diesem Rummel entgehen und bedacht warten, muss man sich dem Zeitgeist ganz bewusst und aktiv entziehen.

Unser Kapitel <Advent> beschäftigt sich mit dem <Warten>, einer Kunst, die den Kindern schon immer schwer gefallen ist. Nicht zuletzt deswegen haben sich einige Traditionen wie der Adventskalender in unserer Gesellschaft etabliert.

Inhalte der Arbeitsblätter <Advent>

A1 Warten auf Weihnachten, Adventstagebuch (M/O - EA/GA)
A2 Interpretation der Weihnachtszeit, eigene Kreationen (M/O - EA)
A3 Eine andere Form des Wartens, aufgehende Blütenzweige (M/O - GA)
A4 Aktives Warten, 24 Postkarten (U/M - EA)
A5 Gemeinsames Warten, jeden Tag eine Begegnung (M/O - EA/GA)
G1 Sehnsucht, Gefühle in Farbe und Bild (M - EA)
A6 Adventszeit früher, Zeitdokument (M/O - EA)
A7 Gemeinsames Warten, Spiel (U - PA/GA)
A8 Spielerisches Warten, Rätsel (U - EA)
B1 Adventskränze binden (M/O)
B2 Adventskalender (U/M)
L1 Fröhliche Adventslieder

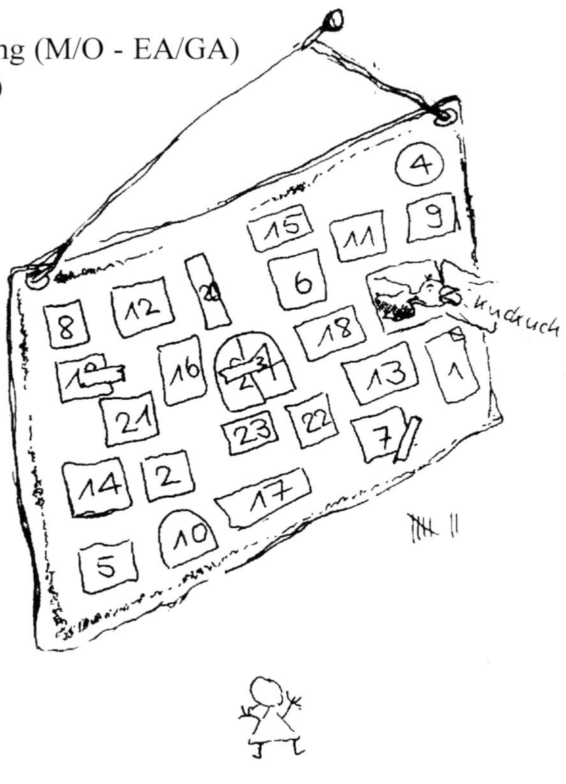

Lösungen zum Kapitel <Advent>

A1 Adventszeit

Auftrag 1

Die wichtigsten Unterschiede zwischen früher und heute:
Früher: eine stille Zeit, Nahrungsknappheit, Fastenzeit.
Heute: vorweihnachtlicher Rummel, überfüllte Warenhäuser, Weihnachtsstress.

A6 Adventsgeschichte

Auftrag 3

Der Autor glaubt, dass die Menschen die Zeichen des Friedens selbständig erkennen und aktiv für den Weltfrieden kämpfen müssen. Um dies tun zu können, müssen sie aber gütiger werden.

A8 Adventsrätsel

Auftrag 2

Das Lösungswort heisst TANNENBAUM.

1						B	A	U	M	N	Ü	S	S	E
2								R	U	T	E			
3									A	P	F	E	L	
4									B	A	R	T		
5			G	E	S	C	H	E	N	K				
6								K	E	R	Z	E		
7					S	T	E	R	N					
8	G	L	Ö	C	K	L	E	I	N					
9								S	A	C	K			
10								S	T	I	E	F	E	L

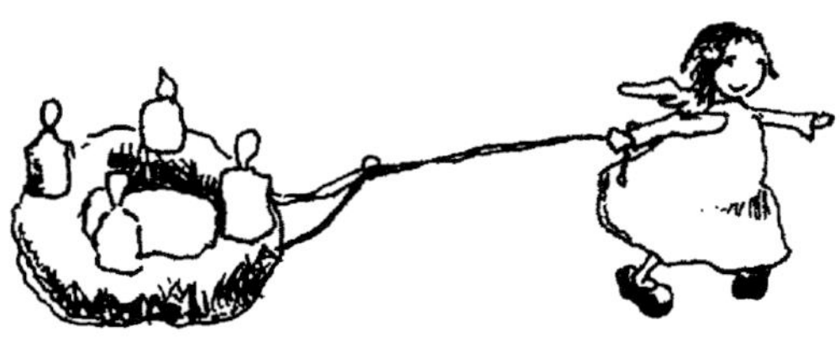

Adventszeit

Material Schreibzeug, Schulheft, AWHeft

Aufträge

1. Lies beide Texte durch. In beiden wird klar: Advent bedeutet Warten. Aber früher war es ein anderes Warten als heute. Finde drei wichtige Unterschiede. Schreibe sie in dein AWHeft und erkläre, welche Zeit dir besser gefällt.

2. Wie und womit verbringst du diese Wartezeit? Mit Basteln, Weihnachtspost erledigen, Wunschzettel schreiben, Freunde besuchen, Nichtstun ...
   Schreibe ein Adventstagebuch. Gestalte es nach deinem Geschmack.

3. Teile dein Adventstagebuch mit anderen. Lest euch daraus vor, besprecht eure Einträge, entwickelt neue Ideen für die Adventszeit und schreibt diese ebenfalls in euer Adventsheft.

Adventszeit

Das Wort <Adventszeit> kommt aus dem Lateinischen und bedeutet so viel wie <Ankunft>. Es ist die Vorbereitungszeit auf das Fest Christi, auf die Ankunft des Christkindes. Das alttestamentliche Prophetenwort sagt: „Macht hoch die Tür, die Tor macht weit, es kommt der Herr der Herrlichkeit."
Diese Vorbereitungszeit auf Weihnachten war früher aber keine Zeit der Freude. Es waren stille Wochen, beeinflusst von Klima und Nahrungsknappheit. Die Dauer dieser <Ankunftszeit> hat im Laufe der Jahrhunderte sehr geschwankt. Lange feierte man fünf oder sechs Wochen Advent, doch immer war es die Fastenzeit. Im Jahre 524 wurde auf dem Konzil zu Lerida zur Vorbereitung, zum Nachdenken und zur Besinnung eine vierwöchige Fastenzeit angeordnet, die zur Läuterung beitragen sollte. In vielen katholischen Ländern isst man deshalb am letzten Fastentag, am 24. Dezember, traditionellerweise ein Fischgericht.

Warten

Wir warten auf Weihnachten. Wir warten, bis andere etwas tun. Das ist die eine Seite. Wir können die Zeit auch nutzen, um selbst etwas zu tun, damit andere Freude haben, damit andere ein Ziel erreichen und eine geweihte Nacht, einen geweihten Tag erleben.
Jeder Tag kann Weihnachten sein, wenn ich mich ganz auf das einlasse, was er bringt. Ob wir heute glücklich sind, hängt von mir und von dir ab.

Adventskranz

Material Was die Lehrperson zur Verfügung stellt

Aufträge

1. Lies den Text durch. Er informiert dich über die Bedeutung des Adventskranzes und dessen Einzelteile. Vergleiche die Beschreibung im Text mit eurem letzten Adventskranz zu Hause oder in der Schule.

* Kennst du noch andere Adventsbräuche? Berichte in der Klasse.

2. Gestalte deinen eigenen Adventskranz. Wähle aus dem angebotenen Material aus, was dir am besten gefällt und gut zusammenpasst. Denk dran, er muss vier Wochen halten.

3. Erkläre deinen MitschülerInnen, warum du für deinen Kranz diese Form, diese Farben und dieses Material gewählt hast.

Der Adventskranz und die Zahl vier

Der Adventskranz galt ursprünglich als Sinnbild des Sonnenrads, das nach dem Sinken des Monats seinen Lauf wieder aufwärts zu nehmen beginnt.
Früher hatte dieser Kranz vier Speichen.
Im Mittelalter glaubte man, die Welt sei 4000 Jahre vor Christi Erscheinen entstanden, und so symbolisierten die vier Adventswochen auch vier Jahrtausende, in denen die Heiden auf den Erlöser warten mussten. Die vier nacheinander angezündeten Kerzen deuten bis heute darauf hin.

In einigen Gegenden Deutschlands gibt es den Brauch, vor dem Adventskranz die Lichterpyramide, das ‹Paradeiserl› oder den ‹Klausenbaum› aufzustellen. Sechs gleich grosse Bambusstäbe werden mit Tannengrün umwickelt und die Enden durch Äpfel gesteckt. Auf die Äpfel steckt man dann die Kerzen.
Im Kanton Appenzell (Schweiz) gibt es den Lebkuchenbaum.

Barbarazweig

Material Was die Lehrperson zur Verfügung stellt

Aufträge

1. Lest den Text durch. Er beschreibt, wer die Heilige Barbara war und was ein Barbarazweig ist.

2. Wäre so ein Barbarazweig nicht ein überraschendes Geschenk? Folgt den Anweisungen. Findet in der Schule einen entsprechenden Aufbewahrungsort für eure Zweige. Vergleicht die Knospen und Blüten der verschiedenen Baumarten.

3. Sucht in Büchern, Lexika und im Internet nach weiteren Informationen über die Heilige Barbara. Schreibt einen kurzen Bericht. Zeichnet eine für sie typische Situation zum Text.

Der Barbarazweig

Der 4. Dezember ist der Tag der Heiligen Barbara. Sie war ein junges Mädchen aus Nikomedien in Kleinasien, das im Jahr 306 n.Chr. unter Maximinius Daja das Martyrium erlitt, weil sie zum Christentum übergetreten war und ihren Glauben nicht wieder ablegen wollte. Sie wird als Schutzpatronin der Bergleute, der Reiter und der Artillerie verehrt. Obwohl vom Leben der Heiligen Barbara nichts bekannt ist, was diesen Brauch begründet, wird ihr Name mit dem Schneiden der Barbarazweige in Verbindung gebracht.

Am 4. Dezember schneidet man Zweige mit Blütenknospen von Kirschen-, Apfel- und Mandelbäumen, von Forsythien, japanischen Quitten, Jasmin oder Kastanien. Die Zweige stellt man in eine mit lauwarmem Wasser gefüllte Vase an einen kühlen und nicht zu hellen Platz. Das Wasser wird mindestens jeden zweiten Tag gewechselt. Das sorgsame Betreuen wird durch eine herrliche Blütenpracht am Heiligen Abend belohnt.

Adventskalender

Material 24 bunte A6-Karten, 24 Umschläge, 24 Wäscheklammern, Wäscheleine, Mal- und Bastelsachen

Aufträge

1. Lies den Text durch. Er gibt dir eine Idee, wie der Adventskalender erfunden worden sein könnte.

2. Fällt dir das Warten auf Heiligabend auch so schwer? Erzähle, was du unternimmst, damit die Zeit nicht so lang erscheint. Höre auch den anderen gut zu.

3. Sicher habt ihr viele tolle Ideen zusammengetragen – z. B. schwimmen gehen, für den anderen kochen, bei den Aufgaben helfen ... Könnte man daraus nicht auch einen Adventskalender machen?
   Wählt die 24 besten Ideen aus und schreibt sie auf bunte Karten. Zu jeder Ideenkarte braucht es einen fantasievoll verzierten Umschlag, auf dem eine Zahl zwischen 1 und 24 steht. Die 24 Umschläge hängt ihr mit Wäscheklammern an eine Wäscheleine, die ihr im Zimmer aufspannt.

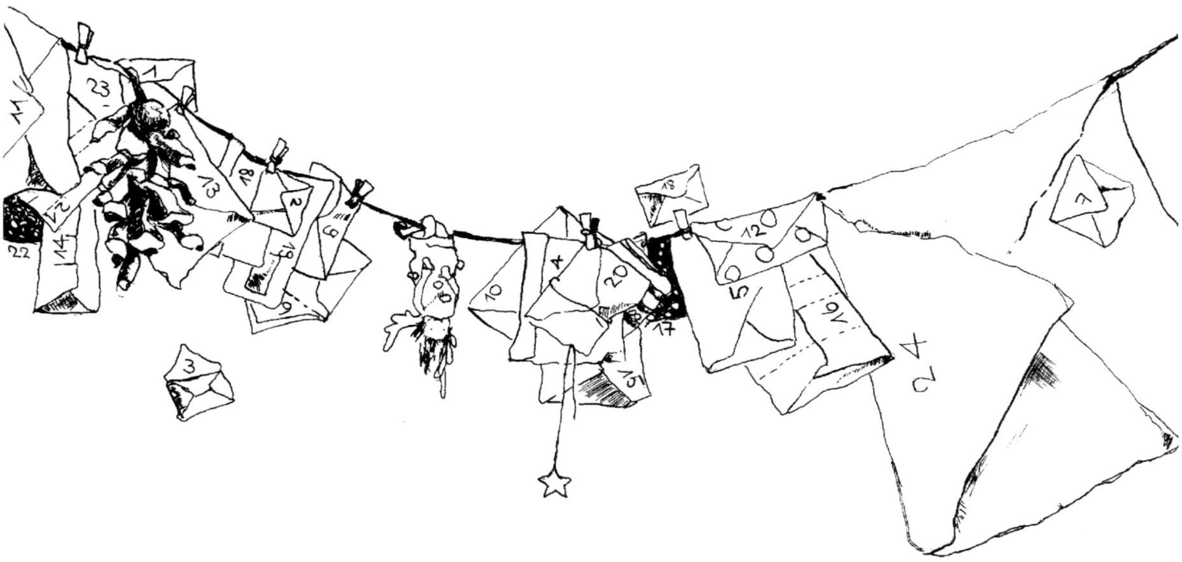

Wer erfand den Adventskalender?

Den Adventskalender hat eines Tages eine geplagte Mutter <erfunden>, der das ungeduldige Fragen ihres Sohnes nach dem Christkind und die Wartezeit verkürzen sollte. Sie nahm einfach ein grosses Stück Karton, zeichnete 24 Felder darauf und spiesste in jedes Feld eine Süssigkeit. Bis zum Heiligen Abend durfte der Junge täglich ein Feld abpflücken. Als er gross geworden war, erinnerte er sich an den Kalender seiner Mutter und führte die Idee fort. Es wurde ein ganzer Industriezweig daraus, und heute gehört der Adventskalender zur Vorweihnachtszeit wie der Adventskranz und der Nikolausbrauch.

Adventsfenster

A5

Material Alle verfügbaren Materialien

Aufträge

1. Lies den Text durch. Er erklärt dir, was ein Adventsfenster ist und welcher Brauch sich damit verbindet.

2. Fällt dir das Warten auf Heiligabend auch so schwer? Warum gestaltet ihr nicht auch Adventsfenster in der Schule? Jede Klasse könnte ein Fenster schmücken und dann Gastgeber für alle anderen in der Schule sein. Es müssen nicht Punsch oder Plätzchen angeboten werden, es kann ja auch ein Lied, ein Gedicht, eine Geschichte oder ein Theaterstück sein. Überlegt und organisiert die Adventszeit für eure Schule.

3. Besucht die anderen Klassen eurer Schule und ladet sie ein mitzumachen. Erklärt ihnen den Brauch des Adventsfensters genau, verteilt die Nummern und legt eine Liste für die Reihenfolge an.
   Das wird sicher eine ganz besondere Adventszeit in eurer Schule dieses Jahr.

Die Adventsfenster

Wenn man in der Weihnachtszeit über Land fährt oder in der Stadt spazieren geht, trifft man immer häufiger auf weihnachtlich dekorierte Fenster mit einer Zahl zwischen 1 und 24, die so genannten Adventsfenster. Eine Gruppe von Leuten (Kirchgemeinde, Schule, Geschäftsinhaber, Quartierbewohner etc.) schliesst sich zusammen, legt ein Thema fest (z.B. Licht, Engel etc.) und verteilt die Nummern. Nun werden die Fenster dekoriert. An dem Tag, an dem ein Fenster beleuchtet wird, sind die Beteiligten, aber auch fremde Leute zu Punsch, Weihnachtstee, Gebäck etc. eingeladen. Auf einer Liste werden Daten und Adressen mitgeteilt.
So wird die Adventszeit etwas geselliger und das Warten auf Weihnachten kürzer.

Adventsgedicht

Material Farbstifte

Aufträge

1. Lies das Gedicht durch. Unterstreiche alle Wörter, die du nicht verstehst, und erfrage sie bei KollegInnen oder der Lehrperson.

2. Lege deine Farbstifte neben das Arbeitsblatt. Lies Zeile für Zeile und übermale sie spontan mit der Farbe, die deiner Meinung nach am besten passt.

3. Überlege, in welcher Jahreszeit das Gedicht spielt. Versuche, dir jede Strophe als Bild vorzustellen, und male dieses ins Kästchen neben das Gedicht.

Theodor Fontane

Verse zum Advent

Noch ist Herbst nicht ganz entflohn,
aber als Knecht Ruprecht schon
kommt der Winter hergeschritten,
und alsbald aus Schnees Mitten
klingt des Schlittenglöckleins Ton.

Und was jüngst noch, fern und nah,
bunt auf uns herniedersah,
weiss sind Türme, Dächer, Zweige,
und das Jahr geht auf die Neige,
und das schönste Fest ist da.

Tag du der Geburt des Herrn,
heute bist du uns noch fern,
aber Tannen, Engel, Fahnen
lassen uns den Tag schon ahnen,
und wir sehen schon den Stern.

Das ist die stillste Zeit im Jahr

Eine Adventsgeschichte nach **Karl Heinrich Waggerl**

Advent, sagt man, sei die stillste Zeit im Jahr. Aber in meiner Jugend war das keineswegs so. Anfang Dezember wurde ich in den Wald geschickt, um den Christbaum zu holen. Mit Axt und Säge zog ich aus, von der Mutter bis zum Hals in Wolle gewickelt. Im Hosensack einen geweihten Pfennig, damit mich ein heiliger Nothelfer finden konnte, sollte ich mich verirren. Stundenlang kroch ich im Unterholz herum, bis ich einen stattlichen Baum fand. Aber ein Baum sieht im Wald ganz anders aus als in der Stube. Kaum hatte ich ihn in die Waschküche geschleppt, verwandelte sich das schlanke, pfeilgerade Stämmchen doch wieder in ein krummes und kümmerliches Gewächs. Mein Vater musste seine ganze Zimmermannskunst dafür aufwenden, um das Ärgste zurechtzubiegen, ehe uns die Mutter dazwischenkam.
Ach, Mutter! In diesen Wochen lief sie mit hochroten Wangen herum, wie mit Sprengstoff geladen. Und die Luft war geschwängert mit Ohrfeigen. Es roch so gut, überhaupt ist der Advent die Zeit der herrlichen Gerüche – Wachslichter, Weihrauch, Bratäpfel, Vanille, Zimt oder Mandeln.
Mich ereilten dann die qualvollen Stunden des Teigrührens. Vier Vaterunser das Fett, drei die Eier, ein ganzer Rosenkranz für Zucker und Mehl. Alles wurde in Vaterunser gemessen, die ich laut und deutlich beten musste, damit ich keine Gelegenheit fände, den Finger in den köstlichen Teig zu tauchen.
Damals schwor ich mir, eine ganze Schüssel Kuchenteig vor den Augen der Köchin auszuschlecken, wenn ich erst gross war. Doch dazu ist es nie gekommen.
Abends nach dem Essen wurde der Schmuck für den Christbaum gebastelt. Es galt, Nüsse in Leimwasser zu tauchen und ein hauchdünnes Goldhäutchen darum herum zu blasen. Das Schwierige war, dass man vorher nirgendwo Luft von sich geben durfte. Wir sassen alle in der Runde und liefen blaurot an vor Atemnot und dann geschah es eben doch, dass plötzlich jemand niesen musste. Egal, wer es war, die Ohrfeige kassierte ich. Ich musste dann zur Strafe in der Schlafkammer Lebkuchen in Silberpapier einpacken.
Dann kam endlich doch der Heilige Abend und mit ihm die letzte Prüfung, das Bad in der Küche. Jedes Jahr hoffte ich, endlich gross genug zu sein, um nicht mehr von Mutter gewaschen zu werden. Aber plötzlich fiel sie wieder mit der Reisbürste über mich her, es half kein Gezeter und Geschrei. Ich flüchtete in die schützenden Arme des Vaters und fand endlich Stille und Friede und Geborgenheit.
Um Mitternacht, wenn die Kerzen am Baum längst erloschen waren, durfte ich die Mutter zur Messe begleiten. Wie stolz war ich, als ich sie nicht mehr an die Hand nehmen musste. Jetzt war ich Sohn und Beschützer. Auch in der Kirche kniete ich nun auf der Männerseite. Der Frauenchor sang, der Pfarrer hielt inne und <Stille Nacht, heilige Nacht> bewegte alle Gemüter.

Und wir heute? Leben wir nicht auch in einer Weltzeit des Advents? Scheint uns nicht alles von der aufkommenden Finsternis bedroht zu werden, das karge Glück unseres Daseins? Wir warten bang auf den Engel mit der Botschaft des Friedens und überhören so leicht, dass diese Botschaft nur denen gilt, die guten Willens sind. Es ist keine Hilfe und keine Zuflucht bei der Weisheit der Weisen und bei der Macht der Mächtigen. Denn der Herr kam nicht zur Welt, damit die Menschen weiser, sondern damit sie gütiger werden. Und darum sind es allein die Kräfte des Herzens, die uns vielleicht noch werden retten können.

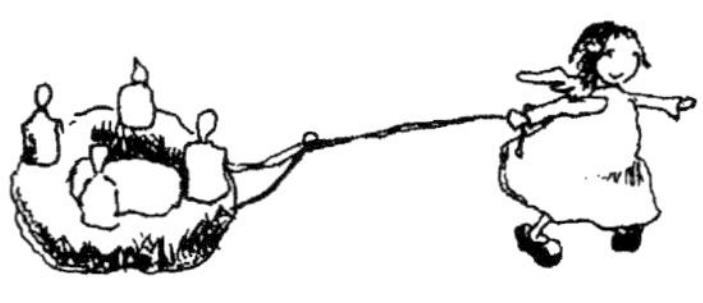

Adventsgeschichte

Material T1, Fernsehprogramm, Videogerät und -kassette, Schreibzeug, Zeitungen, Extrablatt

Aufträge

1. Lies den Text von K. H. Waggerl durch. Er erzählt von einer längst vergangenen Adventszeit.

2. Vergleiche sie mit deiner eigenen Adventszeit. Schreibe einen kurzen Bericht über den Ablauf bei euch zu Hause, vergleiche und erkläre schriftlich, welche Zeit dir besser gefällt.

3. Lies den letzten Absatz der Geschichte noch einmal ganz genau. Was hält der Autor von der heutigen Zeit? Finde heraus, ob er Recht hat oder nicht. Schau dir mehrere Tage hintereinander die Nachrichten an, nimm sie auf Video auf. Lies die Schlagzeilen der Zeitungen, schneide sie aus und klebe sie auf ein Extrablatt. Was fällt dir auf? Notiere deine Meinung in wenigen Sätzen.

Adventsmemory

Material Memorykarten

Aufträge

1. Mischt die Karten und legt sie verdeckt auf den Tisch.

2. Der erste Spieler darf zwei Karten umdrehen. Passen Bild und Wort zusammen, nimmt er das Paar zu sich und darf weiterspielen. Passen Bild und Wort nicht zusammen, kommt der Nächste dran.

3. Sind alle Karten umgedreht, zählt jeder seine Paare. Gewonnen hat, wer die meisten hat.

Spielkarten ausschneiden, auf Karton kleben und laminieren

Kerze		**Schokolade**	
	**Geschenk**		**Esel**
Schlitten	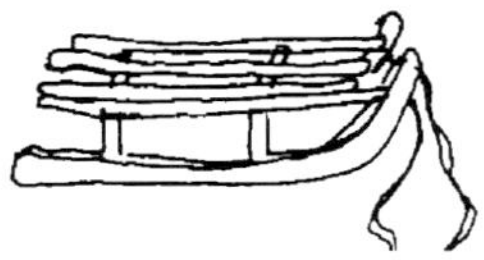	**Orange**	
	**Apfel**	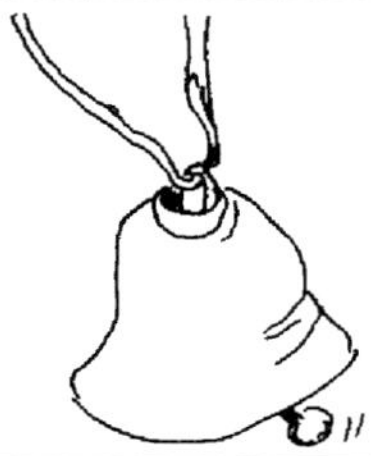	**Glöcklein**
Erdnüsse		**Baumnüsse**	
	**Stiefel**		**Sack**
Rute	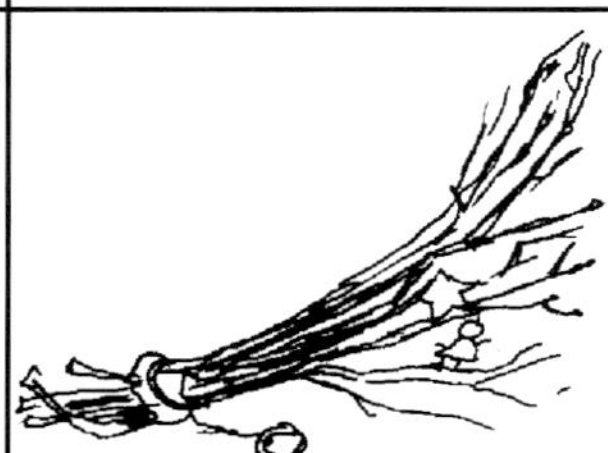	**Zimtstern**	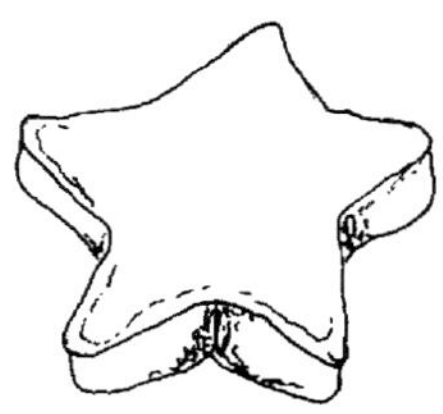
	**Handschuh**		**Bart**

Adventsrätsel

A8

Material Schreibzeug

Aufträge

1. Schreibe für jedes Bild den gesuchten Namen zur passenden Nummer. In jedes Kästchen gehört nur ein Buchstabe – auch ä, ö, ü.

2. Lies die Buchstaben im fett gedruckten Rahmen von unten nach oben und schreibe das Lösungswort auf:

____

Adventskranz binden

Material
alte Zeitungen
Klebstreifen
Blumendraht
Kupferdraht (2 - 3 mm)
Tannenäste
vier Kerzen
Bänder & Dekomaterial

Werkzeug
Baum- & Drahtschere

Arbeitsablauf

1. Rolle die Zeitungen zusammen und forme sie zu einem Ring. Befestige die Zeitungsenden mit Klebstreifen, so dass der Ring zusammenhält.

2. Umwickle den Zeitungsring an einer Stelle mit Blumendraht fünfmal.

3. Schneide alle Tannenäste mit der Baumschere auf die gleiche Länge.

4. Nimm immer drei Tannenäste zusammen, lege sie auf den Ring und umwickle das Ende dreimal mit Blumendraht um den Ring. Ziehe den Draht fest an.

5. Wiederhole den Vorgang schuppenartig auf der Oberseite des Rings. Setze deine Arbeit immer in gleicher Richtung fort, bis keine Zeitung mehr zu sehen und der Ring geschlossen ist.

6. Schneide den Draht auf der Unterseite mit der Drahtschere ab, lasse 5 cm stehen und sichere das Drahtende.

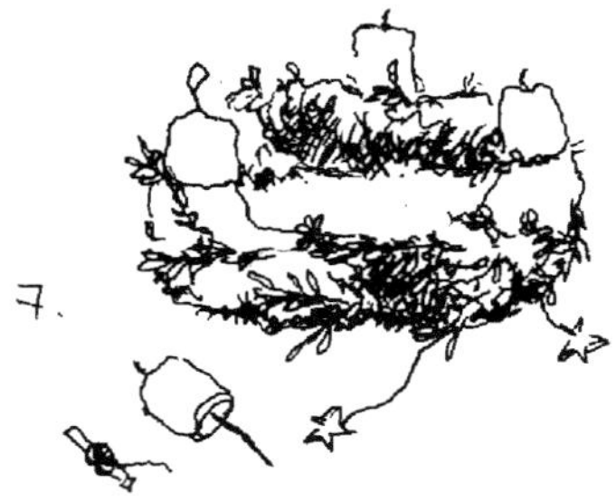

7. Befestige die Kerzen auf dem Kranz und dekoriere ihn nach Wunsch.

Adventskalender zum Drehen

Material
2 Halbkartons A4
Malzeug
Glitterleim
Rundkopfklammer

Werkzeug
Cutter
Schere
Massstab und Bleistift
Zirkel

Arbeitsablauf

1. Male ein Weihnachtsbild auf den Halbkarton.
   Achtung: In deinem Bild muss ein Fenster (3 x 3 cm) vorkommen, und zwar 5 cm unterhalb des oberen Bildrandes genau in der Mitte des Blattes.

2. Schlage mit dem Zirkel auf dem zweiten Halbkarton einen Kreisbogen mit dem Radius 10,5 cm.
   Schneide den Kreis mit dem Cutter oder der Schere aus.
   Achtung: Loche die Mitte für die Rundkopfklammer.

3. Schneide mit dem Cutter die drei Fenster der Schablone aus und übertrage die Fenster mit dem Bleistift auf deine Scheibe.

4. Male in jedes Feld auf deiner Scheibe ein Bild deiner Wahl. Nummeriere deine Bilder von 1 bis 24.

5. Befestige die Scheibe mit Hilfe der Rundkopfklammer hinter deinem Weihnachtsbild.

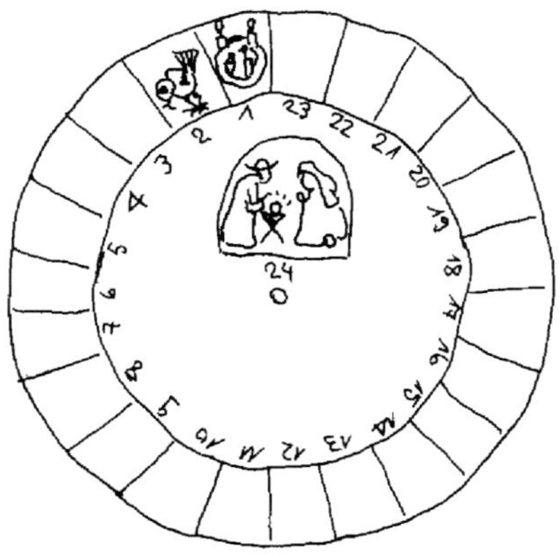

Abschluss: Verziere dein Bild mit Glitterleim, wenn du möchtest.

Jingle Bells

Im Winter da wirds kalt,
da friern die Blumen bald,
drum schickt der Himmel über Nacht
ein Bett aus weisser Pracht.
Die Blumen schlafen ein,
das wird den Himmel freun,
jedoch die Kinder ringsumher,
die freun sich noch viel mehr.

Im Sommer blüht der Klee,
im Winter schneits den Schnee,
der Kirchturm kriegt 'nen weissen Hut,
und der steht ihm so gut.
Ein Schneemann wird gemacht
und eine Schneeballschlacht.
Und friert auch mal der grosse Zeh,
das tut uns heut nicht weh.

Refrain:
Jingle bells, jingle bells, ruft das Glöcklein hell.
Kommt heraus zum Schlittenfahrn, kommt ihr Leute schnell.
Jingle bells, jingle bells, keinen dens da hält,
mit dem Schlitten fahrn wir durch die weisse Winterwelt.

Leise rieselt der Schnee

Leise rieselt der Schnee,
still und starr liegt der See;
weihnachtlich glänzet der Wald.
Freue dich, Christkind kommt bald.

In den Herzen ists warm,
still schweigt Kummer und Harm,
Sorge des Lebens verhallt:
Freue dich, Christkind kommt bald.

Bald ist Heilige Nacht,
Chor der Engel erwacht,
hört nur, wie lieblich es schallt:
Freue dich, Christkind kommt bald.

Lasst uns froh und munter sein

Lasst uns froh und munter sein
und uns recht von Herzen freun.
Lustig, lustig, trallalalala,
bald ist Niklausabend da,
bald ist Niklausabend da!

Dann stell ich den Teller auf,
Niklaus legt bestimmt was drauf.
Lustig, lustig, trallalalala,
bald ist Niklausabend da,
bald ist Niklausabend da!

Wenn ich aufgestanden bin,
lauf ich schnell zum Teller hin.
Lustig, lustig, trallalalala,
bald ist Niklausabend da,
bald ist Niklausabend da!

Wenn ich schlaf, dann träume ich:
Jetzt bringt Niklaus was für mich.
Lustig, lustig, trallalalala,
bald ist Niklausabend da,
bald ist Niklausabend da!

Niklaus ist ein guter Mann,
dem man nicht g'nug danken kann.
Lustig, lustig, trallalalala,
bald ist Niklausabend da,
bald ist Niklausabend da!

STERNE

Eva Zeltner

Weihnachten

Wir suchen dich, Gott,
doch wir finden dich nicht.
Wie fern bist du unserer Zeit.
Wir möchten dich sehn
und nach Bethlehem gehn,
doch der Weg dorthin ist zu weit.

Wir fürchten uns sehr,
unsre Ohnmacht nimmt zu.
Krieg und Terror regieren die Welt.
Wir möchten dich sehn
und zur Krippe hingehn,
doch der Stern über Bethlehem fehlt.

Was sind Sterne? Eine Frage, die sich die Menschen von Anbeginn stellten und die auch heute noch jedem Kind auf der Zunge brennt. Und – wissen wir die Antwort? Befriedigt sie?

Warum war es ausgerechnet ein Stern, der das entscheidende Ereignis für die Entstehung der heute weltumspannenden Religion ankündigte?

Das ursprüngliche Anliegen der Menschen war die Sehnsucht nach dem Göttlichen und seinen Zeichen. Diese suchten die Hirten des Orients in den Gestirnen. Sie glaubten an den Zusammenhang zwischen dem Sterngeschehen und dem Schicksal der Menschen und Völker. So verbanden sie auch das weltgeschichtlich wichtigste Ereignis des Christentums, die Geburt Jesu, mit dem Lauf der Planeten.
War der Weihnachtsstern ein neuer, plötzlich in Erscheinung getretener Stern, eine Nova oder eine Supernova? Das ist ausgeschlossen, denn ein solches Ereignis wäre auch von Astronomen anderer Kulturvölker, z. B. der Chinesen, beobachtet und aufgezeichnet worden.
Davon fehlt jedoch jede Spur. Im babylonischen Keilschriftkalender wird aber auf ein anderes Phänomen hingewiesen – das dreimalige Zusammentreffen der Planeten Jupiter und Saturn im Jahre 7 v. Chr. im Sternbild der Fische. Könnten die Magier in Mt. 2, 1-8 diese grosse Konjunktion der beiden Planeten gemeint haben?

Rein astrophysikalisch betrachtet sind Sterne reine Chemie, logisch und einfach. Woher also diese Faszination?
Als ich einmal in der patagonischen Pampa Argentiniens strandete und unter freiem Himmel übernachten musste, erlebte ich das unglaublichste Schauspiel meines Lebens. Da das nächste künstliche Licht über 100 Kilometer weit entfernt war, glaubte ich, auch das Licht des kleinsten und entferntesten Sterns zu sehen, und es war kaum noch Platz für das dunkle Firmament. Mich überkam ein unbeschreibliches Glücksgefühl. Kann das Chemie sein?

In diesem Kapitel sollen sowohl die Fragen der Kinder beantwortet als auch ihre Faszination geschürt werden.
Im Zusammenhang mit Weihnachten lassen sich Sterne und Weihnachtsgeschichte nicht trennen. Aus diesem Grund wird in diesem Kapitel auch die Weihnachtsgeschichte mit den Hirten und den drei Weisen aus dem Morgenland behandelt.

Inhalte der Arbeitsblätter <Sterne>

A9	Astronomische Erklärung (M/O - EA)
A10	Unterschied Stern – Planet (M/O - EA)
A11	Lebenslauf eines Sterns (M/O - EA)
A12	Astronomisches Phänomen (M/O - EA)
A13	Heilige Stadt dreier Religionen (M/O - PA)
T2/A14	Die Weihnachtsgeschichte sachlich betrachtet (O - EA)
A15	Auftrag der drei Könige nach Matthäus (M - GA)
T3/A16	Sozialer Status der Hirten (M - EA)
A17	Reflexion des eigenen Sternbegriffs (U/M/O - EA)
T4/A18	Ehrgeiz versus Nächstenliebe (U/M - GA)
T5/A19	Die Hirten in Palästina (M/O - GA)
G2	Weihnachten nüchtern betrachtet und doch gerührt (O - EA)
G3/A20	Antikes aufgetaut und modern angerichtet (O - EA)
G4	Das Kind ist König (M - EA)
G5	Ein Gedicht spielerisch umgesetzt (U/M - GA)
G6	Sozialkritisches Gedicht (M/O - EA)
A21	Selber dichten (U/M/O - EA)
A22	Meditation (U - GA)
L2	Lieder zur Geburt Christi

Dazu diverse Bastelideen und -anleitungen

Lösungen zum Kapitel <Sterne>

A9 Was ist ein Stern?

Auftrag 1

Sterne bestehen aus ***verschiedenen Gasen, hauptsächlich Wasserstoff und Helium***.

Sterne leuchten ***durch das Verschmelzen von Wasserstoff und den anderen Gasen zu Helium***.

Nein, es gibt Sterne von 10 km Durchmesser, aber auch solche von 14'000 km Durchmesser, und Überriesen erreichen einen von 1 Mrd. km.

Die unterschiedlichen Farben der Sterne entstehen ***durch Temperatur der Gase und Wellenlänge des Lichts***.

Auftrag 2

Das Sternbild <Orion>

A10 Wandern Fixsterne nie?

Auftrag 1

Fixstern heisst ***fest stehender Stern***.

Monde und Planeten sind keine Sterne, weil sie ***nicht selbstleuchtend*** sind und weil sie wandern.

Fixsterne scheinen nur still zu stehen, ***weil sie so weit weg sind***.

Ein Lichtjahr ist eine ***Entfernungseinheit***.

A11 Leben Sterne ewig?

Auftrag 2

Rote Zwerge sind ***die kleinsten und ältesten Sterne***.

Rote Überriesen sind nur ***wenige Millionen Jahre alte Riesensterne, die keinen Wasserstoff mehr haben.***

Die Supernova ist ***die hell leuchtende Explosion eines Roten Überriesen***.

Ein Neutronenstern ***entsteht aus der Supernova***.

Auftrag 3

Die Lebensphasen eines Sterns:

- entsteht aus Gas- und Nebelstaub
- beginnt bei 15 Mio. °C zu leuchten
- verbraucht Wasserstoff
- äussere Schichten kühlen ab und dehnen sich aus
- es ist ein Roter Riese entstanden
- äussere Schichten werden abgestossen
- es ist ein Weisser Zwerg entstanden
- der Rest kühlt ab
- es ist ein Schwarzer Zwerg entstanden
- der Stern ist verschwunden.

A12 Der Stern der Weisen

Auftrag 2

Sterne sind in der Bibel ***ein Gleichnis***.

Auftrag 3

Der Stern der Weisen war eine ***reale Himmelserscheinung***.

Auftrag 4

Ein Komet ist ein ***Himmelskörper aus Eis, Gas und Staub***.

A13 Bethlehem

Auftrag 3

- dort wurde Rahel begraben
- dort wurde David von Saul gesalbt
- drei Helden Davids durchbrachen die Belagerung der Philister und brachten ihm Wasser
- Asaël liegt dort begraben
- Jerobeam befestigte Bethlehem in Judäa
- Jesus wurde in Bethlehem geboren

A14 Die Weihnachtsgeschichte

Auftrag 4

Die Hirten galten als arme Gauner.

Auch heute sind sie arm, aber in manchen Kulturen sehr hoch angesehen.

Die Hirten erfuhren als Erste vom Heiland, weil er ein König für alle sein sollte.

A16 Der erste Strohstern

Auftrag 3

Ein Hirte zieht mit seiner Herde von Futterplatz zu Futterplatz. Er hat kein Heim, keine Familie und nur das Bündel, das er mit sich führt. Die Leute trauten den Hirten nicht, weil sie so arm waren.

Auftrag 4

Heute gibt es vor allem in den Subtropen, in den Steppen Hirten, weil dort kein Ackerbau betrieben werden kann. In manchen Kulturen – z. B. bei den Massai in Kenia – sind sie je nach Anzahl ihrer Tiere sehr angesehene Stammesmitglieder.

Was ist ein Stern?

Material Sachbücher über Sterne, Sternkarten und Sternatlas

Aufträge

1. Lies den Text <Sterne> und beantworte folgende Fragen:

   Woraus bestehen Sterne? ____________________

   Warum leuchten Sterne? ____________________

   Sind alle Sterne gleich gross? ____________________

   Warum haben Sterne verschiedene Farben? ____________________

   ____

2. Zeichne das Sternbild <Orion>?

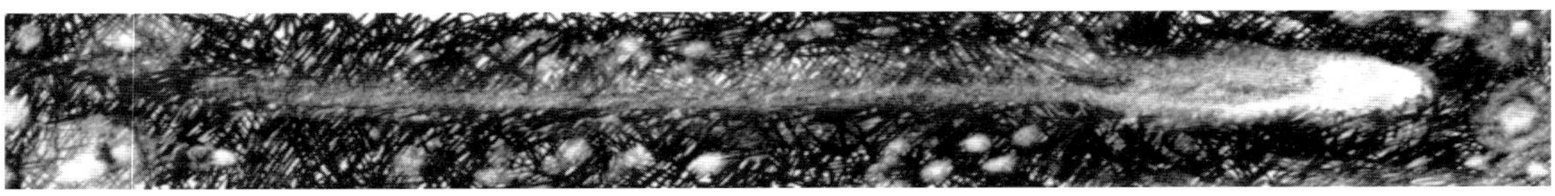

Sterne

Astronomie ist die Wissenschaft von der räumlichen Anordnung, der Bewegung und der physikalischen Beschaffenheit der Himmelskörper.

Sterne sind selbstleuchtende, gasförmige Himmelskörper, die durch Gravitation zusammengehalten werden. Sie bestehen aus verschiedenen Gasen, hauptsächlich Wasserstoff und Helium.

Sterne stehen unter enormem Druck. Wasserstoff und andere Gase verschmelzen miteinander zu Helium. Die Energie dieses Vorgangs sehen wir als Licht, und bei der Sonne spüren wir sogar die Wärme. Die Helligkeit der Sterne hängt nicht nur mit der Entfernung zur Erde, sondern auch mit ihrer Leuchtkraft zusammen. Ungefähr 6000 Sterne sind mit blossem Auge von der Erde aus zu erkennen; je 3000 auf der nördlichen und südlichen Himmelskugel.

Sterne erscheinen uns sehr klein, und Neutronensterne besitzen auch nur einen Durchmesser von etwa 10 Kilometern. Aber der Durchmesser von Sirius B beträgt bereits 14000 Kilometer, er hat also etwa die Grösse unserer Erde. Und dann gibt es die so genannten Überriesen mit bis zu einer Milliarde Kilometer Durchmesser. Zudem sind Sterne sehr schwer.

Sterne unterscheiden sich aber nicht nur in Grösse und Erdentfernung, sondern auch in ihrer Farbe – weiss, blau, rot, orange, gelb und violett. Das liegt an ihren unterschiedlichen Temperaturen und den Wellenlängen des Lichtes – rote Sterne z.B. sind langwellig; violette kurzwellig.

Wandern Fixsterne nie?

Material Sachbücher über Sterne, Sternkarten und Sternatlas

Aufträge

1. Lies den Text <Fixsterne> und beantworte folgende Fragen:

   Was heisst Fixstern? ______________________________

   Welche Himmelskörper sind keine Sterne? ______________________________

   Warum nicht? ______________________________

   Warum wandern Fixsterne nicht? ______________________________

   ____

   Was ist ein Lichtjahr? ______________________________

2. In welchem Sternzeichen bist du geboren? ______________________________

   Zeichne dein Sternbild auf die Rückseite des Arbeitsblattes und schreibe zu jedem Stern dessen Namen. Benutze Sternkarten.

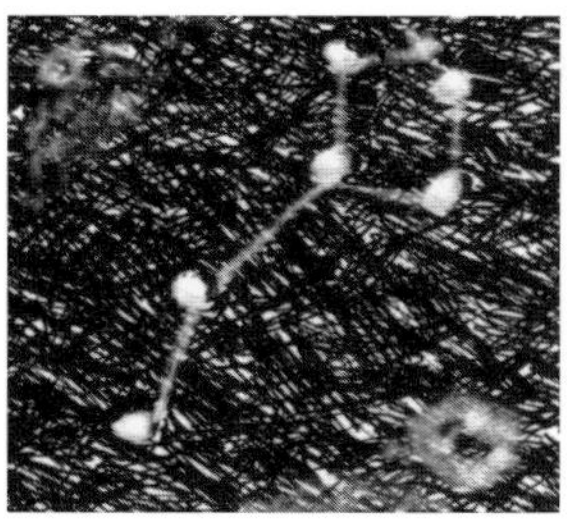

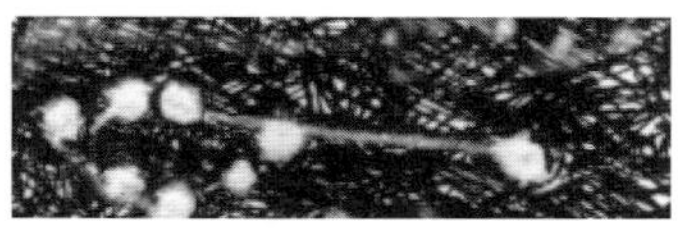

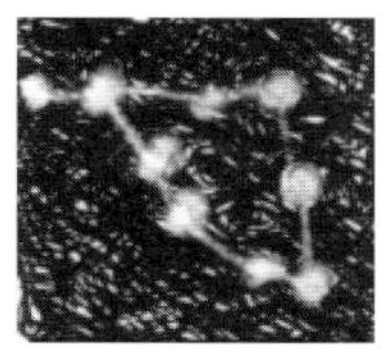

Fixsterne

Die Sonne ist ein Fixstern, ebenso alle kleinen Scheiben auf den Sternkarten sowie alle leuchtenden Punkte, die man am nächtlichen Himmel erkennt und aus denen sich Sternbilder formen. Nur der Mond und die neun Planeten gehören nicht dazu, weil sie nicht selbstleuchtend sind und sich in ihrer Laufbahn bewegen. Die Fixsterne hingegen behalten aus unserer Sicht immer dieselbe Lage bei.

Aus dieser gleich bleibenden Lage erklärt sich der Name Fixstern, was so viel heisst wie <fest stehender> Stern. Sie scheinen am Firmament fixiert zu sein.

Dass sie in unseren Augen auf- und untergehen, wird durch die Bewegung der Erde um ihre Achse hervorgerufen. Wegen ihrer Unverrückbarkeit können wir auch heute noch die alten griechischen Sternbildnamen benutzen.

Der Grund, warum Sterne still zu stehen scheinen, bildet ihre Entfernung. Sie sind für unsere irdischen Begriffe so unvorstellbar weit weg, dass für sie eine eigene Entfernungseinheit eingeführt werden musste – das Lichtjahr. (Das Licht braucht ein Jahr bis zur Erde.)

Leben eines Sterns

A11

Material Sachbücher über Sterne, Sternkarten und Sternatlas

Aufträge

1. Lies den Text <Geburt, Lebensdauer und Tod eines Sterns>.

2. Erkläre folgende Begriffe:

   Rote Zwerge: ______________________________

   Rote Überriesen: ______________________________

   Supernova: ______________________________

   Neutronenstern: ______________________________

3. Bestimme die Lebensphasen eines normalen Sterns: ______________

   ____

   ____

Geburt, Lebensdauer und Tod

Sterne leben nicht ewig und sie waren nicht immer da. Der Weltraum ist voller Gas- und Staubnebel, aus denen Sterne entstehen können. Bei besonderen Konstellationen werden die Gase zu Wolken zusammengezogen und prallen aufeinander. Dabei entsteht Wärme. Wenn diese 15 Millionen Grad Celsius beträgt, beginnt ein neuer Stern zu leuchten.

Die Lebensdauer eines Sterns hängt davon ab, wie schnell sein Wasserstoff in Helium umgewandelt wird. Dabei spielt auch seine Masse eine Rolle. Je grösser sie ist, desto kürzer ist sein < Leben >, da mehr Wasserstoff verbraucht wird.
Rote Zwerge, die kleinsten Sterne, werden viele Milliarden Jahre alt; mittelgrosse Sterne wie die Sonne ca. 10 Milliarden und die Überriesen nur einige Millionen Jahre.

Die Riesensterne werden, sobald sie ihren Wasserstoff aufgebraucht haben, zu Roten Überriesen. Diese schrumpfen während der nächsten Millionen von Jahren, bis sie als hell leuchtende Supernova explodieren. Dabei entsteht entweder ein Neutronenstern oder ein schwarzes Loch.

Wenn der Wasserstoffvorrat eines normalen Sterns verbraucht ist, kühlen sich die äusseren Schichten ab und dehnen sich aus. Dadurch wird er zum Roten Riesen. Durch das Abstossen der äusseren Schicht wird er zum < Weissen Zwerg >. Dieser kühlt ganz aus und wird allmählich zum < Schwarzen Zwerg >.

Der Stern der Weisen

A12

Material Sachbücher über Sterne, Sternkarten und Sternatlas, AWHeft

Aufträge

1. Lies den Text <Sterne in der Bibel>.
2. Was bedeuten Sterne in der Bibel? ________________________________
3. Was war der Stern der Weisen? ________________________________
4. Was ist ein Komet? ________________________________
5. Was ist deine Meinung zum <Stern der Weisen>? Schreibe ins AWHeft.

Sterne in der Bibel

Die Anbetung der Sterne war im alten Orient weit verbreitet und wird in den 10 Geboten ausdrücklich verboten. Die Bibel verneint eindeutig, dass die Sterne ein Eigenleben haben. Wie alle Geschöpfe Gottes, so loben auch die Sterne Gott und beugen sich vor ihm nieder. David nimmt den Anblick des Sternenhimmels zum Anlass, die Schöpfungsmacht Gottes zu preisen.

Sterne werden häufig für Gleichnisse verwendet in der Bibel:
„Abrahams Nachkommen werden so zahlreich sein wie die Sterne des Himmels." (1. Mose 15,5)
„Die Gerechten werden wie Sterne leuchten." (Mt. 13, 43)

Der Stern der Weisen (der Stern von Bethlehem) bei der Geburt Jesu war eine reale Himmelserscheinung. Astronomen haben versucht, ihn als Kometen, Supernova oder – am wahrscheinlichsten – als die äusserst seltene Planetenkonstellation der < Königssterne > Jupiter und Saturn zu erklären.

Kometen

Kometen sind zum Sonnensystem gehörige Himmelskörper aus Eis, Gas und Staub mit einigen Kilometern Durchmesser. Auf seiner exzentrischen Laufbahn entwickelt der Komet in Sonnennähe aufgrund des erhöhten Strahlendrucks eine Koma (neblige Gashülle) und einen Schweif (beschleunigter Staub). Der Schein der Kometen beruht auf der Fluoreszenz der Koma und des Schweifs.

A13

Bethlehem

Material Atlas, Welt- und Länderkarte, Zeichenmaterial

Aufträge

1. Lest den Text <Bethlehem>. Findet weitere Informationen über diese Stadt in Büchern, Lexika, Bibel und Internet.

2. Zeichnet eine Kartenskizze von der Region Judäa mit Bethlehem.

3. Listet alle Ereignisse auf, die Bethlehem zu einer heiligen Stadt gemacht haben:

Bethlehem *arab. Bei Lahm* – Haus d. Brotes

Eine Stadt mit 25000 Einwohnern in West-Jordanien, südlich von Jerusalem. Nach dem Neuen Testament die Stadt Davids und die Geburtsstätte von Jesus, daher auch Wallfahrtsort. Bethlehem liegt im Landstrich Judäa, 8 Kilometer südlich von Jerusalem.

Nicht weit von Bethlehem starb Rahel und wurde dort begraben (1. Mose 35,19; 48,7). Ihre traditionelle Grabstätte wird bis zum heutigen Tag verehrt.

David kam aus Bethlehem und wurde dort von Saul gesalbt (1. Sam. 16,1-13).

Eine Zeit lang war Bethlehem von den Philistern besetzt; drei von Davids <Helden> durchbrachen die Reihen der Philister, um ihm Wasser zu bringen (2. Sam. 23,16).

Auch Asaël, Joabs Bruder, der von Abner ermordet wurde (2. Sam. 2,18-23), liegt in Bethlehem begraben (2. Sam. 2,32).

Nach der Teilung des Königreiches befestigte Jerobeam Bethlehem zusammen mit anderen Städten in Judäa (2. Chr 11,6).

Foto: Brümmer/Glöckner

Seine grösste Bedeutung erlangte Bethlehem als Geburtsort Jesu, des von den Propheten verheissenen Messias (Mt. 2,1ff; Lk. 2,1-20; Joh. 7,42). Die Geburt Jesu, die Erscheinung der Engel vor den Hirten, die Anbetung der Hirten vor der Krippe, die Weisen aus dem Morgenland und der Kindermord des Herodes haben Bethlehem zum bekanntesten Ort der Christenheit gemacht. Die über der traditionellen Geburtsstätte errichtete Kirche ist seit dem 4. Jahrhundert eines der grössten christlichen Pilgerziele.

Die Weihnachtsgeschichte

T2

Lukas 2, 1-20 (in der Übersetzung nach Luther)

Es begab sich aber zu der Zeit, dass ein Gebot von Kaiser Augustus ausging, dass alle Welt geschätzt würde. Und diese Schätzung war die allererste und geschah zu der Zeit, als Cyrenius Landpfleger in Syrien war. Und jedermann ging, dass er sich schätzen liesse, ein jeglicher in seine Stadt.

Da machte sich auch auf Joseph aus Galiläa, aus der Stadt Nazareth, in das jüdische Land zur Stadt Davids, die da heisst Bethlehem, darum dass er von dem Hause und Geschlechte Davids war, auf dass er sich schätzen liesse mit Maria, seinem vertrauten Weibe, die war schwanger.

Und als sie daselbst waren, kam die Zeit, dass sie gebären sollte. Und sie gebar ihren ersten Sohn, wickelte ihn in Windeln und legte ihn in eine Krippe; denn sie hatten sonst keinen Raum in der Herberge.

Und es waren Hirten in derselben Gegend auf dem Felde bei den Herden; die hüteten des Nachts ihre Schafe. Und siehe, des Herrn Engel trat zu ihnen, und die Klarheit des Herrn leuchtete um sie, und sie fürchteten sich sehr. Und der Engel trat zu ihnen und sprach: „Fürchtet euch nicht! Siehe, ich verkündige euch grosse Freude, die allem Volk widerfahren wird; denn euch ist heute der Heiland geboren, welcher ist Christus, der Herr, in der Stadt Davids. Und das habt zum Zeichen: Ihr werdet finden das Kind in Windeln gewickelt und in einer Krippe liegend.“

Und alsbald war bei dem Engel die Menge der himmlischen Heerscharen, die lobten Gott und sprachen: „Ehre sei Gott in der Höhe und Friede auf Erden und den Menschen ein Wohlgefallen.“

Und als die Engel vor ihnen zum Himmel fuhren, sagten die Hirten zueinander: „Lasset uns nun nach Bethlehem gehen und sehen, was geschehen ist, wie es uns der Herr verkündet hat.“ Und sie gingen eilends und fanden Maria und Joseph, dazu das Kind in der Krippe liegen.

Als sie es aber gesehen hatten, verbreiteten sie das Wort, das zu ihnen über dieses Kind gesagt worden war. Und alle, vor die es kam, wunderten sich über die Worte, die ihnen die Hirten gesagt hatten. Maria aber behielt alle diese Worte und bewegte sie in ihrem Herzen.

Und die Hirten kehrten zurück, priesen und lobten Gott für alles, was sie gehört und gesehen hatten.

Die Weihnachtsgeschichte

A14

Material Atlas oder Karte aus Religionsbuch, Schreib- und Malzeug, WWHeft

Aufträge

1. Lies die Weihnachtsgeschichte.
2. Suche die im Text angegebenen Orte und Landstriche auf der Palästinakarte. Welche findest du nur auf historischen Karten? Warum?
3. Kennzeichne auf der Karte den Weg von Maria und Joseph.

4. Was hatten Hirten damals für einen Status? Und welchen haben sie heute in dieser Region? Warum waren die Hirten die Ersten, die vom Heiland erfuhren?

Der neugeborene König der Juden

A15

Material Zeichenmaterial, Bibel

Aufträge

1. Lies die 8 Verse aus Mt. 2 genau und kläre, was du nicht verstehst, bevor du zu zeichnen beginnst.
2. Zeichne zu jedem Vers aus Mt. 2 ein Bild in das vorgegebene Kästchen.
3. Suche die fehlenden Verse (5, 6, 10) in der Bibel.

1
Da Jesus geboren war zu Bethlehem im jüdischen Lande, zur Zeit des Königs Herodes, siehe, da kamen die Weisen vom Morgenland gen Jerusalem

2
und sprachen: „Wo ist der neugeborene König der Juden? Wir haben seinen Stern gesehen im Morgenland und sind gekommen, ihn anzubeten."

3
Da das der König Herodes hörte, erschrak er und mit ihm das ganze Jerusalem;

4
und liess versammeln alle Hohenpriester und Schriftgelehrten unter dem Volke und erforschte bei ihnen, wo Christus sollte geboren werden.

7
Da berief Herodes heimlich die Weisen und erlernte mit Fleiss von ihnen, wann der Stern erschienen wäre;

8
und wies sie gen Bethlehem und sprach: „Ziehet hin und forschet fleissig nach dem Kind; wenn ihr es findet, so sagt es mir, dass ich auch komme und es anbete."

9
Als sie nun den König gehört hatten, zogen sie hin. Und siehe, der Stern, den sie im Morgenland gesehen hatten, ging vor ihnen hin, bis dass er stehen blieb über dem Haus, da das Kind war.

11
Und sie gingen in das Haus und fanden das Kind mit Maria, seiner Mutter, und fielen nieder und beteten es an und taten ihre Schätze auf und schenkten ihm Gold, Weihrauch und Myrrhe.

T3

Der erste Strohstern

Else Tümmel

Als sich die Hirten auf den Weg nach Bethlehem machten, wurde von ihrem Reden und Rufen auch ein Hirtenjunge wach, der bei den Schafen im Pferch geschlafen hatte. Verwundert und noch ein bisschen schlaftrunken lief er mit den Männern und stand dann mit ihnen in dem armen Stall lange Zeit vor dem neugeborenen Kind in der Krippe, bis einer der Hirten ihn am Arm fasste: „Komm, Bub, wir wollen heimgehen! Das Kind und seine Mutter brauchen Ruh!“

Unterwegs berichteten die Hirten, was sie dem Kind morgen alles mitbringen wollten.

„Ich bring ihm Milch von dem Mutterschaf!“, rief der eine.

„Ich nehme guten Schafskäse mit!“, sagte ein anderer.

Ein Dritter wollte ein Säckchen Mehl hintragen, ein Vierter ein weiches Lammfell schenken. Wieder einer wollte ein Bund Holz zum Feuermachen mitbringen und ein anderer einen Beutel voll Winteräpfel zusammensuchen. Einer hatte noch ein Töpfchen Fett und der Älteste von ihnen, der am ärmsten war, sagte nach einigem Überlegen: „Ich spiel dem Kind ein Wiegenlied auf meiner Flöte!“

Der Hirtenjunge wurde allmählich immer trauriger. Alle hatten etwas zu schenken – nur er nicht! Denn ausser seinem Hemd und seiner Hose besass er nichts, höchstens noch eine Jacke, aber die war so alt und so oft geflickt, dass er sie unmöglich dem Kinde schenken konnte.

Auf seinem Strohlager konnte der Hirtenjunge lange nicht einschlafen. Immer noch sah er das Kind vor sich. Er wollte ihm so gerne auch etwas schenken. Aber was? Da glänzten auf einmal im Licht des grossen neuen Sterns ein paar Strohhalme seines Lagers auf. Sie lagen kreuz und quer übereinander und trafen sich in der Mitte zu einem Stern – einem Strohstern. Da wusste der Junge auf einmal, was er dem Kind schenken konnte! Er wünschte den Morgen herbei und das Schlafen fiel ihm schwer.

Endlich wurde es Tag. Leise griff der Junge nach dem Messer des Hirten, der neben ihm schlief, und schnitt ein paar Strohhalme zurecht, drehte dann aus Schafswolle einen Faden und schlang und knotete ihn um die Halme, so dass ein fester, schöner Stern daraus wurde.

Der Junge liess den Stern am Faden tanzen. Wie der in der Morgensonne schimmerte und leuchtete!

Als die Hirten nun mit den Gaben zum Stall kamen, legte jeder sein Geschenk an der Krippe nieder. Während der Alte noch sein Lied auf der Flöte blies, trat der Hirtenjunge vor. Sein Herz klopfte, als er dem Kind den Strohstern hinhielt. Da schlossen sich die kleinen Finger um einen der glänzenden Halme: Das Kind hielt den Stern fest.

Der erste Strohstern

Material T3 & T5, Schreibzeug, AWHeft, B4

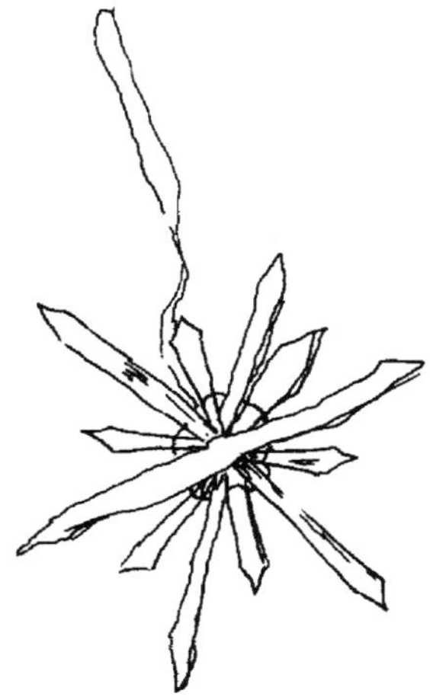

Aufträge
1. Lies die Geschichte von Else Tümmler.

2. Erkläre schriftlich im AWHeft, was ein Hirte ist.

3. Was für ein Leben führten die Hirten früher? Was dachten die Leute über sie? Antworte in wenigen Sätzen.

4. Gibt es noch Hirten? Wenn ja, wo überall? Und wie denkt man heute über sie? Antworte ausführlich.

Meine Sterngeschichte

Material Bilder, Bücher und Schreibzeug, AWHeft

Aufträge
1. Schau dir in Ruhe Bilder und Bücher an, die etwas mit Sternen zu tun haben.
2. Stell eine Liste über Sterne zusammen.
3. Wähle ein Thema aus und überlege dir eine Geschichte. Schreibe sie in Stichworten auf.
4. Teile deine Stichworte ein in: Einleitung, Hauptteil, Höhepunkt und Schluss.
   Schreibe jetzt deine Sterngeschichte.

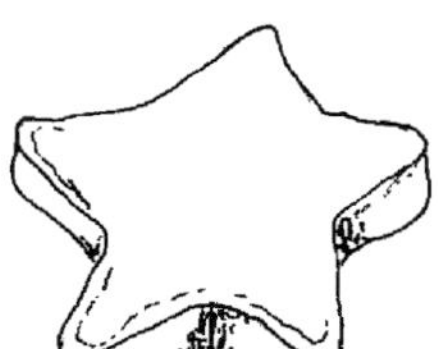

Von der Laterne, die ein Sternlein werden wollte

Heinrich Hannover

Es war einmal eine Laterne, die hatte den ganzen Abend geleuchtet, und jetzt schlief sie neben dem Kinderbett. Mitten in der Nacht wachte die kleine Laterne auf. Da schaute der Mond zum Fenster herein und sagte: „Du leuchtest ja so schön! Willst du nicht auch ein Sternlein werden?“

„Oh ja“, sagte die kleine Laterne und flog zum Fenster hinaus, hoch in den Himmel.
„Nanu“, sagten die Sterne, „was ist denn das für ein Stern? Der kann ja noch schöner leuchten als wir! Wo kommst du denn her?“, fragten die Sterne die kleine Laterne.
„Dort aus dem Haus komme ich, wo das Kind im Bett schläft.“
Da schauten die Sterne alle zum Fenster hinein und wollten das Kind sehen. Aber ein Sternlein, ein ganz kleines, machte dabei so viel Krach, dass das Kind aufwachte. Husch-husch flogen die Sterne schnell wieder weg zum Himmel.
Als das Kind sah, dass die Laterne nicht mehr da war, wurde es ganz traurig und fing an zu weinen.
„Wo ist meine Laterne?“, jammerte es. Das hörte die kleine Laterne. „Ach, was soll ich jetzt bloss machen“, sagte die kleine Laterne, „soll ich ein Sternlein am Himmel bleiben, oder soll ich wieder zu dem Kind gehen?“
Die Laterne wollte so gerne ein Sternlein bleiben, aber schliesslich tat ihr das Kind doch Leid, und sie sagte zu den anderen Sternen: „Wie komme ich denn jetzt wieder zur Erde?“
„Oh, solange das Kind noch weint, musst du hier bleiben, aber wenn es aufhört zu weinen und schläft, dann können wir dich zurückbegleiten. Denn wir dürfen nur zu schlafenden Kindern ins Zimmer kommen.“

Da warteten die Sterne, bis das Kind eingeschlafen war, und dann flogen sie herunter vom Himmel zum Fenster hinein und stellten die Laterne neben das Kinderbett. Sie standen noch eine Zeit lang um das Bett herum und schauten das schlafende Kind an, und dann flogen sie wieder zum Fenster hinaus.
„Tschüss, Laterne“, sagten die Sterne, und „tschüss, Sterne“, sagte die Laterne.
Aber ein Sternlein, ein ganz kleines, stolperte, als es aus dem Fenster hinausfliegen wollte, und von dem Krach wachte das Kind auf. Husch-husch flog das Sternlein davon in den Himmel, aber das Kind hatte noch ein bisschen von seinem Licht gesehen.
Als das Kind sich umschaute, sah es die Laterne neben dem Bett stehen.
„Da bist du ja wieder“, sagte das Kind, „wo warst du denn?“
„Ich war oben im Himmel und wollte ein Stern werden. Aber weil du so traurig warst, bin ich zu dir zurückgekommen. Die Sterne haben mich hergebracht.“
„Nun sollst du aber nicht wieder weggehen“, sagte das Kind.
„Nein“, sagte die kleine Laterne, „wenn du gut auf mich aufpasst, will ich immer bei dir bleiben.“

Von der **Laterne**, die ein **Sternlein** sein wollte

A18

Material T4, Laterne, Goldstern

Aufträge

1. Lest die Geschichte von der kleinen Laterne – oder lasst sie euch vorlesen.

2. Entzündet eure Laterne, nehmt euren Goldstern in die Hand und löscht das Licht im Raum. Haltet nun euren goldenen Stern in den Lichtschein der Laterne. Wer leuchtet schöner?

3. Könnt ihr jetzt verstehen, warum die Laterne ein Sternlein sein wollte?

4. Legt euch irgendwo im Raum auf den Boden und stellt die Laterne neben euch auf. Bleibt eine Weile so liegen.
   Löscht nun die Laterne und bleibt weiterhin liegen. Entzündet die Laterne wieder. Wann war es angenehmer?

5. Könnt ihr jetzt besser verstehen, warum das Kind geweint hat, als die Laterne nicht mehr da war?

6. Wenn ihr die Laterne wärt, was hättet ihr getan? Den Traum erfüllt und Stern geworden oder zu dem weinenden Kind zurückgekehrt, um eure Aufgabe zu erfüllen? Überlegt genau! Es gibt keine falsche Antwort, ihr müsst eure Meinung nur begründen können.

Das Fest der Hirten

T5

Regine Schindler

Hirten, die in der Gegend von Bethlehem ihre Schafe hüteten und bei den Tieren wachten, waren die ersten Menschen, die von Jesu Geburt erfuhren.

Wie sah das Leben dieser Hirten aus?

Palästina ist eine gebirgige Wüste, auf weiten Strecken unfruchtbar und höchstens für die Viehzucht nutzbar. Schafe müssen zu kargen Weideplätzen und raren Wasserstellen geführt werden. Dies ist die harte und verantwortungsvolle Aufgabe des Hirten. Er schützt seine Herde gegen Raubtiere und Viehdiebe, legt die Marschroute fest, um die Tiere sicher zu geleiten, verhindert an den Trinkrinnen Streit mit anderen Hirten, pflegt und verarztet verletzte und kranke Tiere, treibt sie nachts in einen Pferch oder eine Höhle, damit sie sicher sind und er nicht friert. Das Hirtenleben ist entbehrungsreich; sein spärlicher Besitz besteht aus einer Hirtentasche, einem Stock und einer Steinschleuder; gegen die Sonne, die in der gebirgigen Wüste brennt, schützt er sich durch ein Tuch, das er um den Kopf wickelt; nachts hüllt er sich in seinen Wollmantel. Häufig ist er nur ein Angestellter, der dem Besitzer der Schafe Rechenschaft schuldet und schlecht bezahlt wird.

Weil die Hirten lange unterwegs sind und wenig verdienen, ist die Versuchung gross, junge Schafe oder Wolle heimlich zu verkaufen oder sonstwie unerlaubten Handel zu betreiben. So galten Hirten zur Zeit Jesu oft als Betrüger, als Menschen ohne viele Rechte, die listig sein müssen, um gute Plätze für sich und ihre Tiere zu ergattern. Listige Leute aber sind unbeliebt. Nur ungern hatte man mit diesen Hirten zu tun.

Heutige Hirten, so selten sie sind, wecken angenehme Gefühle in uns. Wie kaum in einem Beruf sind diese Menschen mit der Natur verbunden, scheinbar noch wie vor 2000 Jahren, weitgehend unabhängig von der modernen Technik.

Alle idyllischen Züge, die dem Wanderhirten in neuerer Zeit angedichtet werden, sollte man deshalb vergessen, wenn man an die Hirten zur Zeit Jesu denkt.

In der Bibel ist der Hirt jedoch auch der Inbegriff eines sorgenden, liebevollen Menschen. „Der Herr ist mein Hirte", steht im 23. Psalm. Der Hirte ist hier Sinnbild für Gott und den Hirten, der sein verlorenes Schaf sucht. Auch er ist ein Symbol für Gott.

Zu solchen Männern also – Naturverbundenen, Aussenseitern, Armen, Verstossenen – und nicht zum König Herodes, nicht zu den römischen Besatzungstruppen, nicht zu den Schriftgelehrten kommt der Engel mit der Botschaft „Fürchtet euch nicht. Siehe, ich verkünde euch grosse Freude", und sie sind sicher erschrocken, diese Menschen. Gewöhnt daran, am Rande der Gesellschaft und in Armut zu leben, gewöhnt ans Wandern mit den Herden; am Tag und in der kalten Nacht zur Wache bei den Herden verpflichtet, sind sie vermutlich scheu und schweigsam. Deshalb machen sie sich nach der Botschaft des Engels verwirrt auf den Weg, vielleicht auch ängstlich, aber voller Erwartung.

Das Fest der Hirten

A19

Material T5, Atlas, Bilder und Texte über Palästina (auch neue Berichte aus Zeitungen)

Aufträge

1. Lest und betrachtet die mitgebrachten Bilder und Texte über Palästina. Das Schicksal seiner Bevölkerung erschüttert uns heute mehr denn je. Fast täglich lesen, hören und sehen wir neue Schreckensnachrichten aus dem <Heiligen Land>.

2. Sucht Palästina auf verschiedenen Karten und ergründet die dortigen Lebensbedingungen. Mitgebrachte Texte, Bücher und Bilder helfen dabei.

3. Lest T5 <Das Fest der Hirten>.

4. Habt ihr euch schon einmal Gedanken über Hirten gemacht? Wie sie leben, ob es sie heute noch gibt? Was andere Menschen von ihnen halten? Sucht möglichst viele Informationen über Hirten zusammen und entwerft ein Infoblatt.

5. Zeichnet auf der Weltkarte ein, wo es heute noch Nomadenvölker gibt.

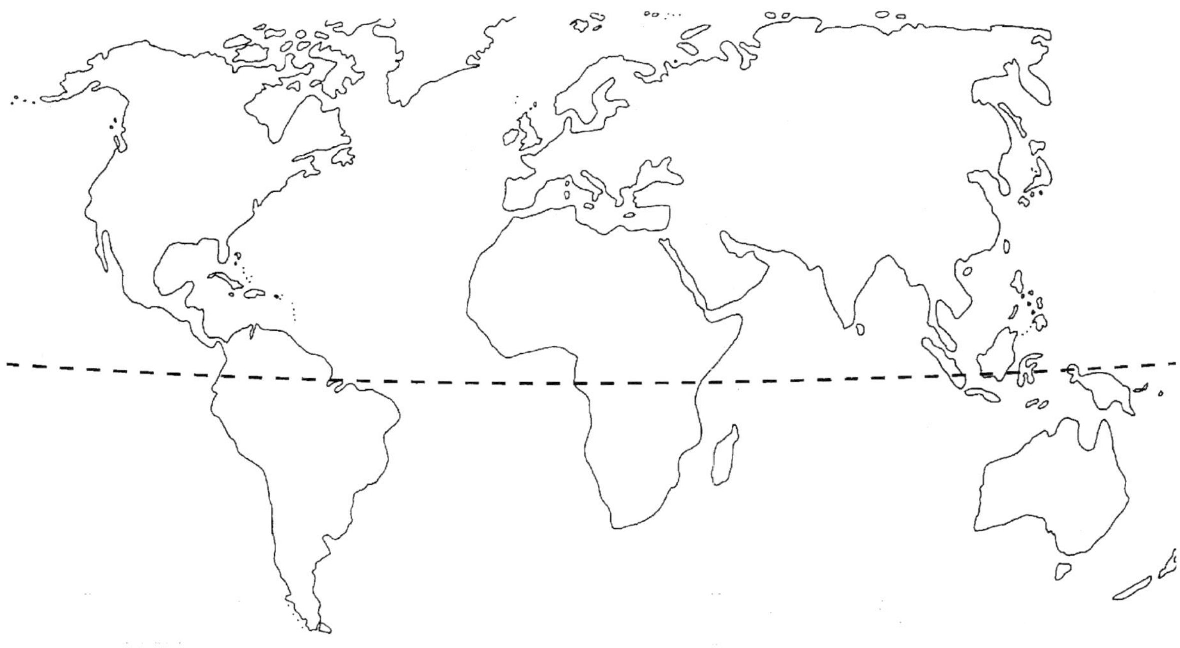

Der Stern

G2

Material Podest, Kostüm, Mikrofon, Accessoires nach Wahl

Aufträge

1. Lies das Gedicht von Wilhelm Busch so lange, bis du es verstanden hast. Berücksichtige dabei den Humor und die Moralvorstellungen Buschs, die du sicher von <Max und Moritz> her kennst.
2. Lerne das Gedicht nun auswendig, indem du zu jeder Zeile die passende Gestik und Mimik entwickelst, z. B. Geschäftsfrau/-mann.
3. Kleide dich passend zu deiner Interpretation, wähle entsprechende Accessoires und trage das Gedicht dem Publikum vor.

Wilhelm Busch

Der Stern

Hätt einer auch fast mehr Verstand
als wie die drei Weisen aus Morgenland
und liesse sich dünken, er wär wohl nie
dem Sternlein nachgereist wie sie;
dennoch, wenn man das Weihnachtsfest
seine Lichtlein wonniglich scheinen lässt,
fällt auch auf sein verständig Gesicht,
er mag es merken oder nicht,
ein freundlicher Strahl
des Wundersterns von dazumal.

Epiphanias

A20

Material G3, Jugend- und Modezeitschriften, Schreib- und Bastelzeug

Aufträge

1. Lies das Gedicht von Goethe genau und laut. Seine Sprache wird dir fremd vorkommen. Unterstreiche die Wörter, die du nicht verstehst, und finde ihre Bedeutung heraus.
2. Warum hat Goethe sein Gedicht <Epiphanias> genannt? Vergleiche den Inhalt des Gedichts mit der lexikalischen Erklärung des griechischen Begriffs <Epiphanie>.
   Beantworte die Frage mit einem kurzen Text.
3. Wie würde das Gedicht klingen, wenn es heute geschrieben worden wäre? Schreibe das Gedicht um, benutze die Sprache, in der du dich mit Gleichaltrigen unterhältst.
4. Goethe gibt jedem König ein anderes Aussehen und einen eigenen Charakter. Schneide aus Jugend- und/oder Modezeitschriften Männer heraus, die zu den drei Charakteren passen, und gib ihnen eine Identität.

* Inszeniere es mit zwei KollegInnen.

Johann Wolfgang von Goethe
Epiphanias

Die heil'gen drei König' mit ihrem Stern,
Sie essen, sie trinken und bezahlen nicht gern;
Sie essen gern, sie trinken gern,
Sie essen, trinken und bezahlen nicht gern.

Die heil'gen drei König' sind kommen allhier,
Es sind ihrer drei und nicht ihrer vier;
Und wenn zu dreien der vierte wär,
So wär ein heil'ger drei König mehr.

Ich erster bin der weiss' und auch der schön',
Bei Tag solltet ihr erst mich sehn!
Doch ach, mit allen Spezerein
Werd ich sein Tag kein Mädchen mir frei'n.

Ich aber bin der braun' und bin der lang',
Bekannt bei Weibern wohl und bei Gesang.
Ich bring Gold statt Spezerein,
Da werd ich überall willkommen sein.

Ich endlich bin der schwarz' und bin der klein'
Und mag auch wohl einmal recht lustig sein.
Ich esse gern und trinke gern,
Ich esse, trinke und bedanke mich gern.

Die heil'gen drei König' sind wohlgesinnt,
Sie suchen die Mutter und das Kind;
Der Joseph fromm sitzt auch dabei,
Der Ochs und Esel liegen auf der Streu.

Wir bringen Myrrhen, wir bringen Gold,
Dem Weihrauch sind die Damen hold;
Und haben wir Wein von gutem Gewächs,
So trinken wir drei so gut als ihrer sechs.

Da wir nun hier schöne Herrn und Fraun,
Aber keine Ochsen und Esel schaun,
So sind wir nicht am rechten Ort
Und ziehen unseres Weges weiter fort.

Epiphanias

Epiphanias heisst ein christliches Fest, das am 6. Januar gefeiert wird. Inhalt des Festes ist, dass sich der Messias nicht nur den Juden, sondern allen Menschen offenbart hat. Das machen die <Drei Könige> deutlich, die an der Krippe das Kind Jesus verehren – wobei das Neue Testament nur von einer unbestimmten Zahl an Sterndeutern spricht. Das Wort <Epiphanie> kommt aus dem Griechischen und bedeutet <Erscheinung, Aufleuchten>. Die Christen sagen: „Die Herrlichkeit Gottes ist allen Christen erschienen."

Der Bub und die weisen Herren

G4

Material Schreib- und Malzeug

Aufträge
1. Lies das Gedicht von Regine Schindler genau und laut. Wer spricht in diesem Gedicht?
2. Wen hält Regine Schindler für weise und wen für den König? Was meinst du dazu?
3. Übermale die Zeilen des Gesprochenen mit einer anderen Farbe. Lest nun in verteilten Rollen. Schon bald könnt ihr es auswendig.
4. Würden die Menschen heute auch noch einem Neugeborenen folgen? Was meinst du? Begründe deine Meinung.

Regine Schindler

Der Bub und die weisen Herren

Ein Stern ist grösser als die andern!
„Vater, sag, was kann das sein?
Vater, lass mich mit dir wandern."
„Nein, mein Bub, du bist zu klein."

„Auf einen König weist der Stern?
Vater, sag, in welchem Land?
Nehmt mich mit, ihr weisen Herr'n.
Vater, gib mir deine Hand."

Durch die Wüste geht die Reise.
Der Weg ist lang, der Weg ist schwer.
„Vater, seid ihr wirklich weise?"
Der Stern, der geht vor ihnen her.

Der Stern ist hell, der Stern ist gross.
„Vater, sieh, der Stern steht still!
Ist denn hier das Königsschloss,
das der Stern uns zeigen will?

Schau die Kuh, die schiefe Wand!
Durch die Ritzen pfeift der Wind.
Vater, gib mir deine Hand.
Ist der König nur ein Kind?"

Bald zieh'n sie wieder in die Ferne.
Ihr Herz ist warm, ihr Herz ist froh.
Am Himmel leuchten kleine Sterne.
Und der König schläft im Stroh.

Die drei Könige

G5

Material Verfügbare Requisiten

Aufträge

1. Lest das Gedicht von Rudolf Otto Wiemer genau und laut.
2. Verteilt die Strophen, die ihr spielt und/oder sprecht.
3. Jeder übermalt die Zeilen, die er sagen muss.
4. Lernt das ganze Gedicht auswendig.
5. Wenn ihr euch sicher fühlt, verkleidet euch als die drei Könige und tragt das Gedicht in verteilten Rollen vor. Was es zum Verkleiden braucht, steht alles im Gedicht.
6. Was meint Rudolf Otto Wiemer mit den beiden Sätzen:

   Der Sternenweg ist weit.
   Der Sternenweg ist bitter.

   Versucht, die Sätze schriftlich zu erklären.

Rudolf Otto Wiemer

Die drei Könige

Drei Könige kommen gegangen
mit drei langen Stangen.
Es sind gar noble Herrn,
sie tragen einen Stern.

Der eine ist der Peter,
den kennt im Dorfe jeder.
Trägt eine goldne Kron
und ist des Müllers Sohn.

Der mit dem Silberlicht
ist unsres Schneiders Wicht.
Trägt einen weissen Bart
von königlicher Art.

Der dritte mit dem Turban
ist Karl vom Schuster Urban.
Trägt 'nen Ring im Ohr
und ist ein schwarzer Mohr.

Ein Schwarzer und zwei Weisse,
so gehn sie auf die Reise,
singen bald dort, bald hier.
Der Stern ist von Papier.

Sie singen vor den Toren,
die Ohren blaugefroren.
Der Wind weht bitterkalt,
das Königslied erschallt:

„Wir kommen aus dem Dunkel.
Der Stern hat ein Gefunkel.
Der Stern hat grosses Licht.
Drum fürchten wir uns nicht.

Ihr Leut gebt uns ein bisschen!
Ein Äpfelchen, ein Nüsschen!
Ein Scheiblein Birnenbrot!
Von jedem nur ein Lot!"

Sie singen unerschrocken,
sie heimsen ihre Brocken,
und Flocken hats geschneit –
der Sternenweg ist weit.

Der Sternenweg ist bitter.
Die Kronen sind nur Flitter,
die Schuhe haben ein Loch –
Könige sind sie doch.

Das Kind als Dreikönig

Material Schreibzeug, AWHeft

Aufträge
1. Lies das Gedicht sorgfältig durch.
2. Welche Gefühle weckt es in dir? Trauer? Wut? Freude? Versuche zu erklären, welche Zeile was für ein Gefühl bei dir auslöst.
3. Wie hättest du auf die Eltern reagiert, wenn du das Kind wärst? Bevor du antwortest, überlege dir genau, in was für einer Situation die Familie lebt, welche Probleme sie haben könnte.
4. Gib dem Gedicht ein neues Ende. Schreibe ins AWHeft.

Das Kind als Dreikönig

Das Kind ist, wies kalt war, durchs Dorf gelaufen,
hat keinen Taler und konnt sich nichts kaufen.
Ist das Kind zum Dorfplatz gegangen,
dahin, wo die drei Könige sangen.
Die sangen sehr laut das Dreikönigslied
und dass auf Erden viel Wunder geschieht.
Das Kind hat sich singend dazugestellt,
wollt auch wer sein in der kalten Welt.
Habens den Sängerburschen vertrieben,
ist ihm wieder kein Taler geblieben.
Ist das Kind alleine gegangen,
hat zu singen angefangen.
Trug eine Krone aus Goldpapier.
Sang: „Ein kleiner Dreikönig ist hier!“
Lachten die Leut: „Was das Kind sich wohl denkt?“
Haben ihm einen Taler geschenkt.
Ist es zu spät nach Hause gekommen,
hat ihm die Mutter den Taler genommen.
Schimpfte: „Mein Kind ist nicht ganz gescheit,
betteln zu gehen in der Weihnachtszeit.“
Hatte das Kind im Herz seine Not.
Spürte: Die Englein fall’n sich ja tot
mitten in der Weihnachtszeit ...
Doch hat es nicht geweint,
hat nur so dagesessen
und hat wohl diese Weihnacht
sein Lebtag nicht vergessen.

Mein eigenes Sterngedicht

Material Schreibzeug, AWHeft

Aufträge

1. Lege Wortfamilien an in deinem AWHeft.

Stern	Himmel	Weihnacht
Fix**stern**	**himml**isch	**weihnacht**lich
Sternschnuppe	an**himmel**n	**Weihnacht**sstern
Himmels**stern**	**Himmel**szelt	**Weihnacht**smann
....	....	......

2. Lege Wortfelder an.

Stern	leuchten	Himmel	Weihnachten
Milchstrasse	strahlen	Wolken	Geschenke
Planet	glitzern	Mond	feierlich
Zacken	hell	blau	Bethlehem
....	....	....	....

3. Lege Reimfelder an, auch für andere Wörter.

St**ern**	H**immel**	Weihn**acht**
g**ern**	Sch**immel**	l**acht**
f**ern**	B**immel**	M**acht**
H**errn**	Gew**immel**	s**acht**
.....	......	.....

4. Nun bist du bestens gewappnet für dein eigenes Gedicht.

Ich seh ganz fern
einen grossen Stern
zwischen dem Satellitengewimmel
am pechschwarzen Himmel.

Und wenn ich an Weihnachten denke,
an all die Geschenke,
die ich noch basteln muss,
ist jetzt mit Reimen Schluss.

So könnte dein Gedicht aussehen, oder auch ganz anders.

Der grosse Stern

A22

Material grosses Tuch

Aufträge

1. Legt euch zu einem grossen Stern auf den Boden. Füsse und Hände können sich dabei ganz leicht berühren. Der Spielleiter steht neben dem Kinderstern und deckt die Gesichter mit dem Tuch zu. Der Raum wird ebenfalls abgedunkelt.

2. Der Spielleiter erzählt:

   Es war mitten im Winter. Ganz dunkel war es in der Welt. Die Menschen waren traurig und sehnten das Licht herbei. Da erschien am dunklen Himmel ein Stern. Zu Anfang war er kaum hinter den Wolken zu sehen, aber langsam wanderten die Wolken weiter und gaben den Stern frei.

3. Der Spielleiter zieht das Tuch langsam weg und erzählt weiter:

   Nun begann der Stern immer heller zu strahlen. Ihr spürt es selber, als ob Licht und Wärme langsam von den Fusssohlen hochsteigen. Sie wandern über die Beine, den Po, den Rücken, den Bauch entlang, in die Arme und Hände hinein, bis sie den Kopf erfassen. Ihr spürt, wie der ganze Körper Licht und Kraft und Wärme und Freude bekommt und ausstrahlt. Ihr seid jetzt ganz erfrischt, drückt euch die Hände und steht auf.

4. Wenn es beim ersten Mal noch nicht so richtig funktioniert, ist das nicht weiter schlimm. Dann probiert es später noch einmal. Und wenn es euch gefällt und hilft, den Tag besser zu beginnen, könnt ihr es auch ganz oft machen.

Hört, ihr Hirten

Hört ihr Hirten, lasst euch sagen,
was sich Neus hat zugetragen:
eine Jungfrau, zart und rein
hat geborn ein Kindelein.
Ei, ei, ei, ei, ei
in dem Stall auf einer Streu.

Engel in den Lüften droben
täten all das Kindlein loben.
Singen all zusammen gleich:
Ehr sei Gott im Himmelreich!
Ei, ei, ei, ei, ei
wohl ein schöne Melodei!

Sagten, wir solln alle gehn
in den Stall nach Bethlehem.
Allda wer'n wir finden schon
in den Windlein Gottes Sohn.
Ei, ei, ei, ei, ei
eingewickelt in dem Heu.

Dieses arme Kindelein
soll der Welt Messias sein,
bringt uns Frieden insgeheim,
die ein's guten Willen sein.
Ei,ei,ei,ei,ei
Ehr sei Gott im Himmelreich!

Kommet, ihr Hirten

Kommet, ihr Hirten, ihr Männer und Fraun!
Kommet, das liebliche Kindlein zu schaun!
Christus, der Herr, ist heute geboren,
den Gott zum Heiland euch hat erkoren.
Fürchtet euch nicht!

Lasset uns sehen in Bethlehems Stall,
was uns verheissen der himmlische Schall;
was wir dort finden, lasset uns künden,
lasset uns preisen in frommen Weisen.
Halleluja!

Wahrlich, die Engel verkündigen heut
Bethlehems Hirtenvolk gar grosse Freud.
Nun soll es werden Friede auf Erden,
den Menschen allen ein Wohlgefallen!
Ehre sei Gott!

Ihr Kinderlein kommet

Ihr Kinderlein kommet, o kommet doch all!
Zur Krippe her kommet, in Bethlehems Stall.
Und seht, was in dieser hochheiligen Nacht
der Vater im Himmel für Freude uns macht.

O seht in der Krippe im nächtlichen Stall,
seht hier bei des Lichtleins hell glänzendem Strahl
in reinlichen Windeln das himmlische Kind,
viel schöner und holder, als Engel es sind.

Da liegt es, das Kindlein, auf Heu und auf Stroh;
Maria und Joseph betrachten es froh.
Die redlichen Hirten knien betend davor;
hoch oben schwebt jubelnd der Engelein Chor.

O beugt wie die Hirten anbetend die Knie,
erhebet die Hände und danket wie sie.
Stimmt freudig, ihr Kinder –
wer sollt sich nicht freun?
stimmt freudig zum Jubel der Engel mit ein!

Duftstern

B3

Material
frische Orangen- oder Mandarinenschalen
Kupferdraht (2 mm)
Sternschablone
Goldfaden zum Aufhängen

Werkzeug
Kombizange
Rundzange

Arbeitsablauf

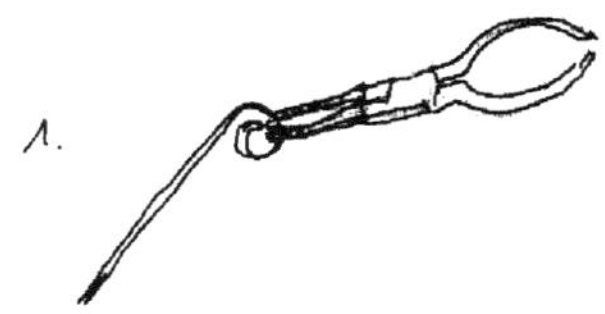

1. Forme den Anfang des Kupferdrahts mit der Rundzange zu einer Öse.

2. Mit Hilfe der Sternschablone formst du den Kupferdraht zu einem Stern. Mit der Kombizange trennst du den fertigen Stern von der Drahtrolle.
   Achtung: Lass 2 cm Draht überstehen.

3. Reisse die Orangen- oder Mandarinenschalen in kleine Stücke.

4. Spiesse Schalenstücke am Ende deines Sterns auf, bis kein Draht mehr zu sehen ist. Forme das Ende des Drahtes mit der Kombizange zu einem Haken.

5. Hänge den Haken in die Öse ein und drücke beides mit der Kombizange zusammen.
   Zum Schluss befestigst du den Goldfaden an der Öse.
   Nun kannst du den Duftstern aufhängen.

Strohstern

B4

Material
flache Strohhalme
Heissleim
Goldfaden zum Aufhängen

Werkzeug
Schere

Arbeitsablauf

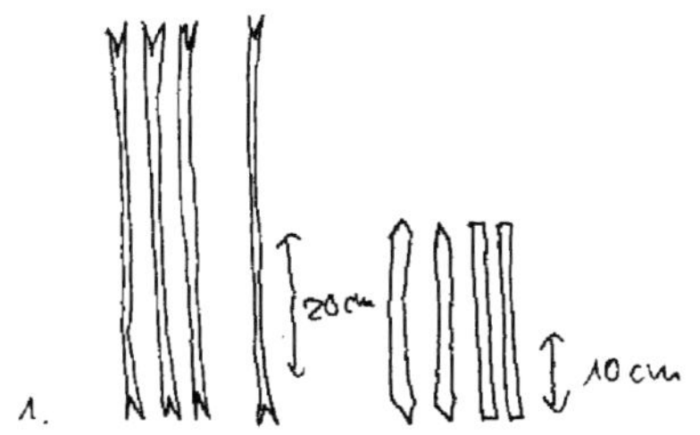

1. Für diesen Stern brauchst du acht Strohhalme (4 x 20 cm & 4 x 10 cm).

2. Lege zwei Strohhalme zu einem Kreuz übereinander und klebe sie mit Heissleim fest.
   Die nächsten zwei legst du übers Kreuz darauf und befestigst sie ebenfalls mit Heissleim. Wiederhole diesen Vorgang, bis dir dein Strohstern gefällt.

   Achtung: Die Strohhalme werden immer genau in ihrer Mitte übereinander geklebt.

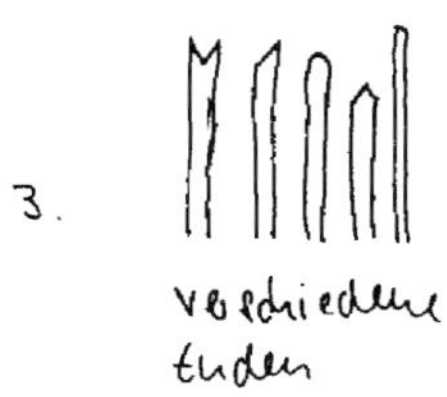

3. Schneide die Enden der Strohhalme mit der Schere in die gewünschte Form.

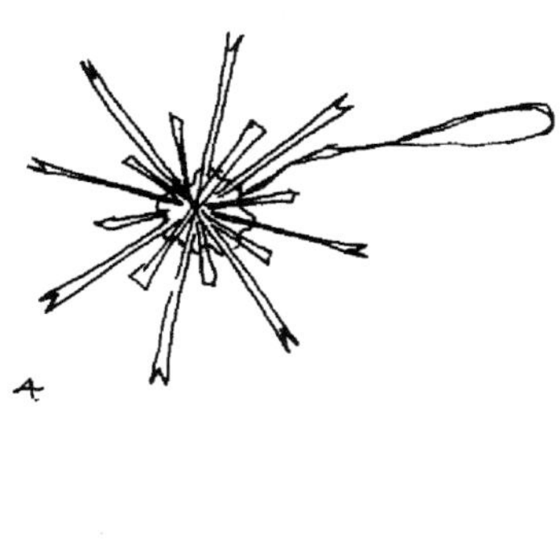

4. Flechte ein dünnes Goldband um die Zacken und verknote die Enden zu einer Schlaufe.

Lass deiner Fantasie freien Lauf und kreiere deine eigenen Strohsterne.

Tipp: Wenn du breitere Strohhalme verwenden möchtest, legst du die Halme zwei Stunden ins Wasser, schneidest sie an einer Seite auf und bügelst sie.

Heustern

Material
Karton (2 - 3 mm)
feiner Gold-, Silber- oder farbiger Draht
Sisalgras, farbig oder weiss
Goldfaden zum Aufhängen

Werkzeug
Schere/Cutter
Unterlage
Metallmassstab
Sternschablone

Arbeitsablauf

2.

3.

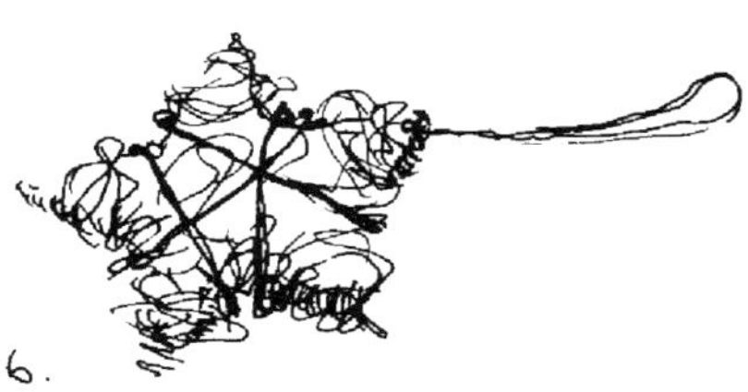

6.

1. Schneide die Sternschablone aus und übertrage sie auf den Karton.

2. Schneide den Kartonstern den Umrissen entlang mit Schere oder Cutter aus.

3. Bilde mit dem Sisalgras einen lockeren, flachen Kreis und lege deinen Stern darauf.

4. Packe den Kartonstern mit Sisalgras ein und umwickle ihn fest mit Draht. **Achtung:** Die Ecken müssen noch gut zu erkennen sein. (Aber der Karton muss bedeckt sein.)

5. Jetzt packst du die andere Seite des Sterns genauso ein. Es darf kein Karton mehr durchschimmern.

6. Zum Schluss umwickelst du den ganzen Stern gut mit Draht.

Pizzastern

B6

Material
Stoff- und Tüllreste
Lurex- und Stickgarn
Seidenpapier und Plastikfolie
Glimmer und Pailletten
Klebstreifen
Nähfaden

Werkzeug
Nähmaschine
Schere und Zickzackschere
Massstab und Bleistift
Zirkel

Arbeitsablauf

1.

2.

3.

5.

1. Schneide mit der Zickzackschere Stoffteile zu und verteile sie auf der Folie. Verteile Garn, Glimmer und Pailletten auf den Stoffresten und decke alles mit einer zweiten Folie zu.
   Achtung: Halte die Folien gerade, sonst rutscht alles heraus.
   Tipp: Du kannst die beiden Folienteile auch mit Klebstreifen zusammenkleben.

2. Nähe nun kreuz und quer über die Folien. Verwende dazu einen Teflonnähfuss. Die Stichlänge beträgt 2,5 bis 3.

3. Nimm eine Sternschablone und klebe sie mit Klebstreifen auf den <Pizzagrund>.

4. Nähe den Umrissen entlang. Lass dabei den Anfangs- und Schlussfaden stehen, verknüpfe beide zu einer Aufhängeschlaufe.

5. Schneide 2 mm ausserhalb der Nählinie den Stern aus.

Perlenstern

B7

Material
Perlen
Silk

Werkzeug
Schere
Perlennadel
Farbstifte

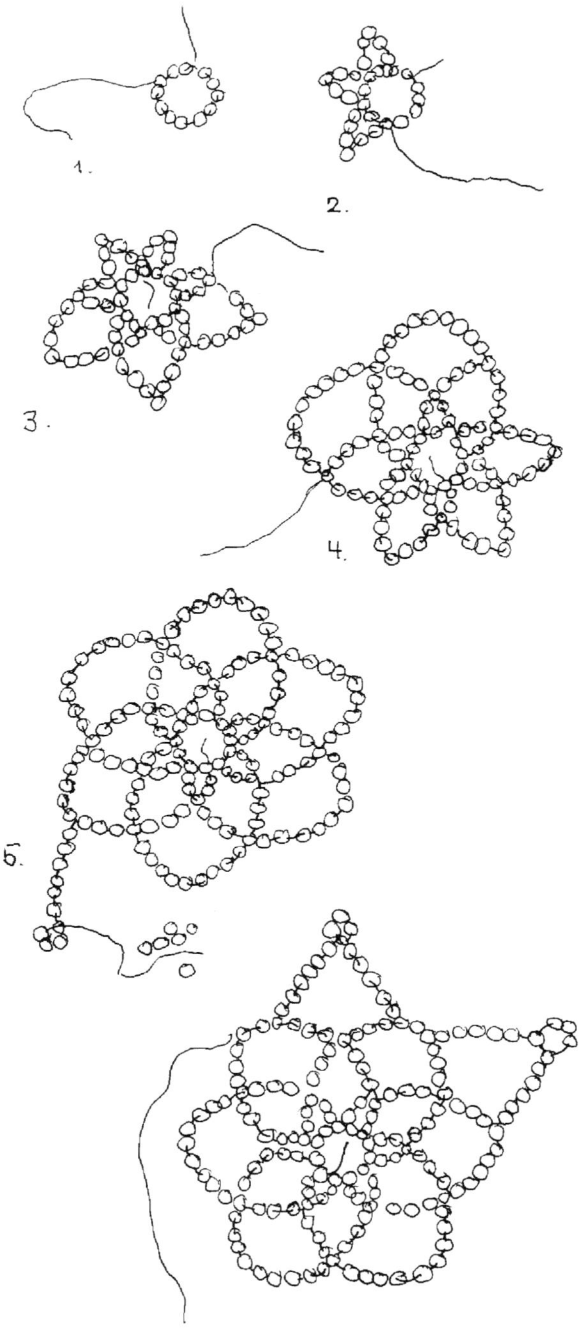

Arbeitsablauf

Wähle die Perlenfarben aus.

1. Runde:
Fasse 12 Perlen auf einen 90 cm langen Silk auf und schliesse zur Runde.

2. Runde:
Fasse 5 Perlen für den Zacken auf und stich durch eine Perle des Innenkreises. Nimm wieder 5 Perlen auf und stich in die übernächste Perle des Innenkreises. Wiederhole das noch 4mal und ziehe den Silk in die Spitze des 1. Zackens hoch.

3. Runde:
Fasse 7 Perlen für den Zacken und stich durch die Zackenspitze der Vorrunde. Wiederhole das, bis du 6 Zacken hast. Ziehe den Silk wieder hoch bis in die Zackenspitze.

4. Runde:
Fasse 9 Perlen für den Zacken auf und gehe vor wie bei Runde 3.

5. Runde:
Fasse 10 Perlen auf und stich durch die viertletzte Perle. Fasse anschliessend 6 Perlen auf und stich durch die 3 Perlen der Spitze der Vorrunde. Wiederhole das noch 5mal.

Abschluss: Stich Anfangs- und Endsilk bis zur gleichen Perle und binde eine Schlinge zum Aufhängen.

Faltstern

B8

Material
Schönes Papier

Werkzeug
Lineal
Schere
Bleistift
Zirkel

Arbeitsablauf

1. Ziehe mit dem Zirkel einen Kreis und trage den Radius auf der Kreislinie 6mal ab. Verbinde jede 2. Markierung mit Lineal und Bleistift zu einem gleichseitigen Dreieck und schneide es aus.

2. Markiere das Einstichloch des Zirkels als Dreiecksmitte. Bezeichne jeweils die Mitte der drei Kanten.

3. Falte nun jede Spitze zur markierten Mitte der gegenüberliegenden Seite. Klappe die Ecken wieder auf und wende das Blatt.

4. Falte auf der Rückseite die 3 Ecken bis zum Mittelpunkt des ehemaligen Kreises.

5. Jetzt musst du den Faltstern nur noch richtig zusammenstecken.

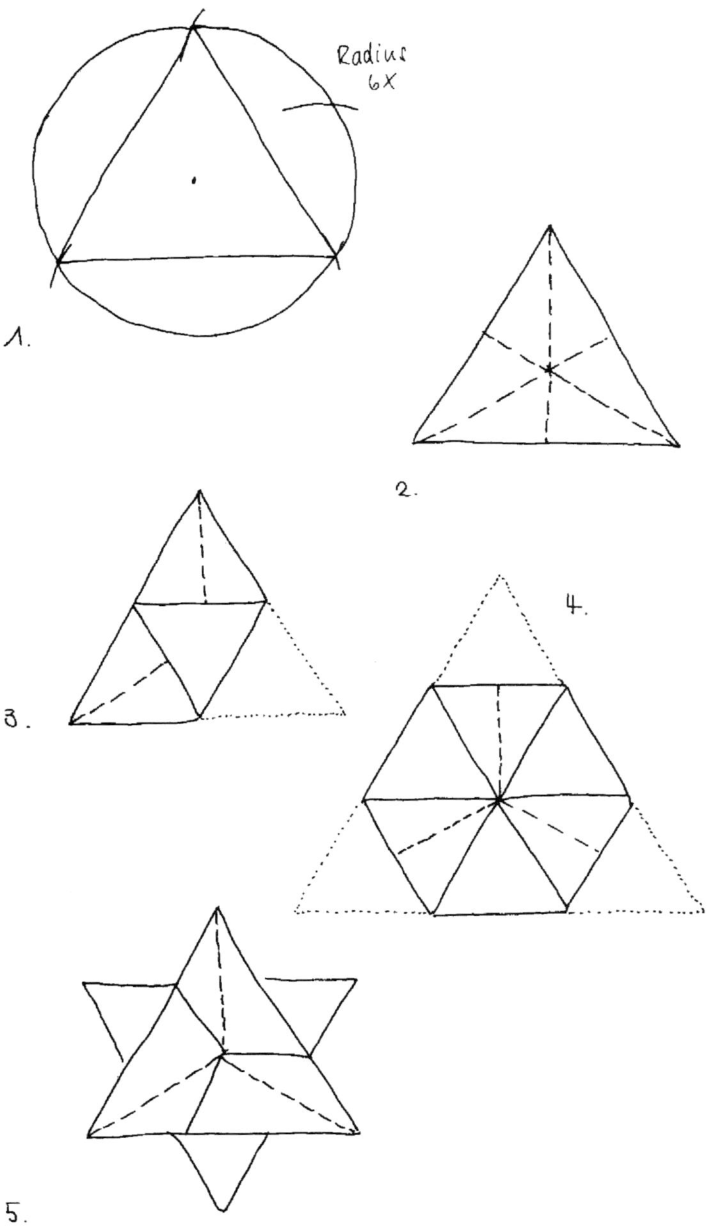

Tipp: Wenn du den Stern gross genug machst, passen kleine Geschenke wie Fotos, Anhänger etc. hinein.

Fensterstern

B9

Material
Transparentpapier
(8 Rechtecke 10 x 12 cm)

Werkzeug
Cutter & Unterlage
Klebstift
Schablone & Bleistift

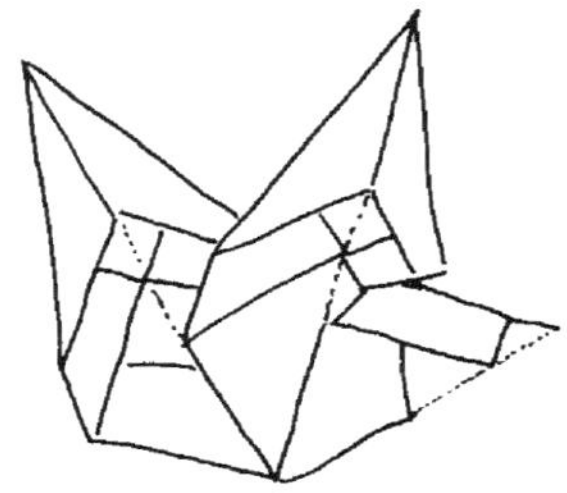

Arbeitsablauf

Übertrage die Schablone des Innensterns auf das Tonpapier und schneide den Innenstern mit dem Cutter aus.

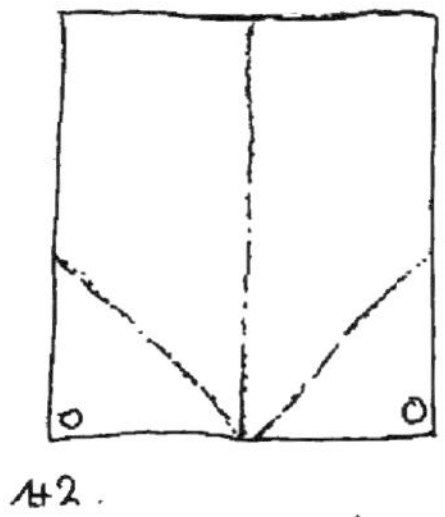

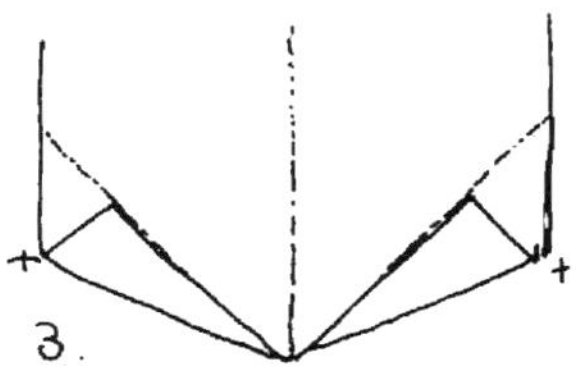

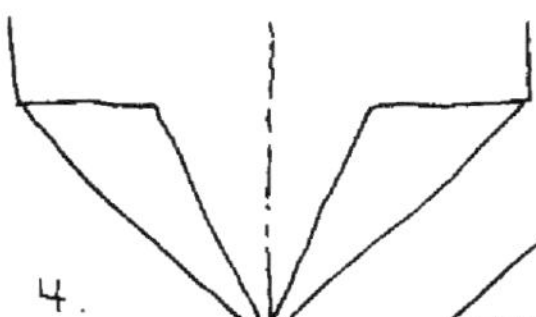

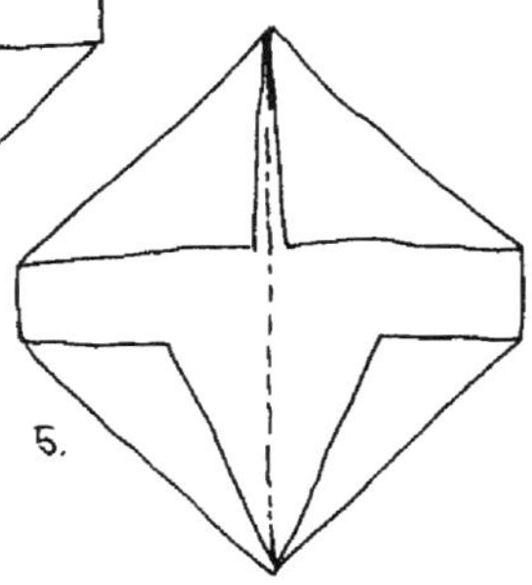

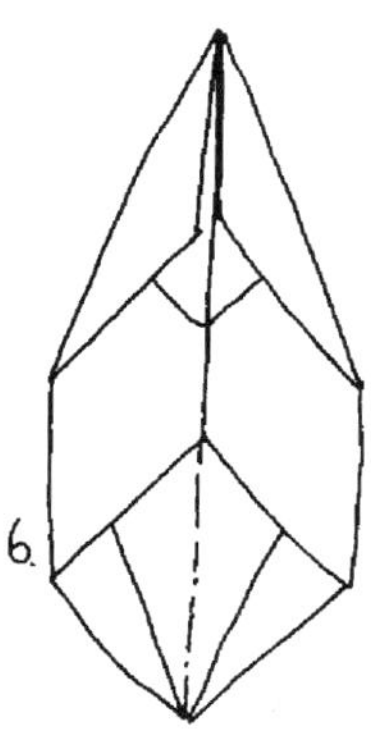

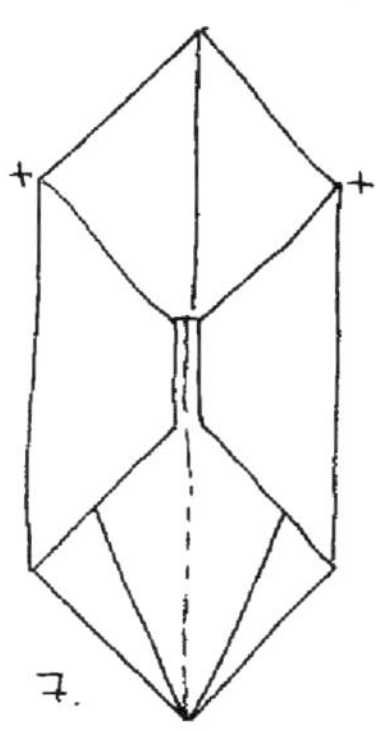

1. Falte das Rechteck längs in der Mitte. Öffne das Blatt wieder.

2. Falte die beiden durch kleine Kreise markierten Ecken zur Faltmitte hin. Öffne das Blatt wieder.

3. Falte die beiden durch kleine Kreise markierten Ecken auf die kurzen diagonalen Faltlinien.

4. Falte nun die durch kleine Kreuze markierten Ecken genau an den kurzen diagonalen Faltlinien nach innen, so dass eine schöne Sternspitze entsteht.

5. Falte anschliessend die beiden Ecken der gegenüberliegenden kurzen Rechteckseite auf die mittlere Faltlinie.

6. Falte jetzt die beiden gegenüberliegenden kurzen geraden Aussenseiten auf die mittlere Faltlinie.

7. Falte zum Schluss die durch kleine Kreuze markierten Ecken auf die mittlere Faltlinie.

Falte alle 8 Rechtecke nach dieser Anleitung, jeweils vier in der gleichen Farbe.

Abschluss: Lege das erste Sternenteil mit der Rückseite nach oben vor dich. Lege das nächste Teil so darauf, dass die inneren Spitzen aufeinander liegen. Die äussere Seite des zweiten Teils muss genau auf der mittleren Faltlinie des ersten Teils liegen. Klebe die beiden mit wenigen Klebepunkten aufeinander. Der letzte Teil wird unter den ersten geschoben und fixiert. Als Letztes klebst du den schwarzen Tonstern in die Mitte.

Sternentasche

B10

Material
Tonpapier (70 x 70 cm)
Seidenpapier
Kordel

Werkzeug
Schere
Locher

Arbeitsablauf

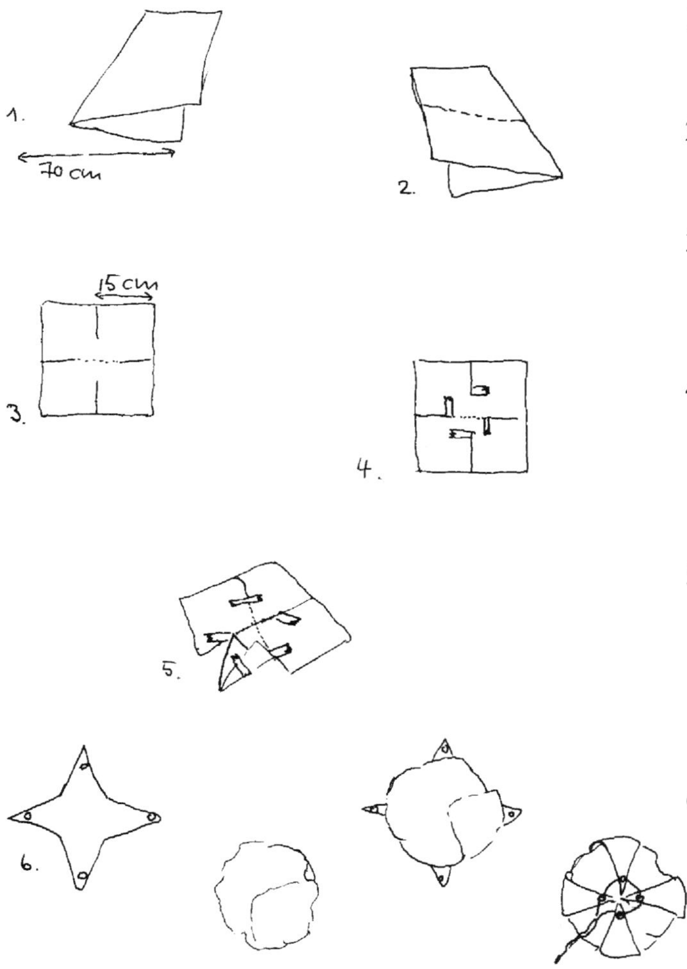

1. Falte das Quadrat in der Mitte. Öffne das Blatt wieder.

2. Drehe das Quadrat um 90°, falte es in der Mitte und öffne es wieder.

3. Miss von der Mitte her 15 cm auf der Faltlinie in alle vier Richtungen ab und markiere.

4. Schneide vom Rand bis zur Markierung entlang der Faltlinie. Klebe an jedes Schnittende zur Verstärkung einen Klebstreifen.

5. Falte nun die Ecken zweier Schnitte zu- und übereinander (etwas über die Mitte). Klebe sie mit Klebstreifen fest. Es entsteht ein vierzackiger Stern.

6. Kehre den Stern und loche alle vier Spitzen. Verstärke jedes Loch mit einem Lochkleber.

Abschluss: Wickle dein Geschenk in Seidenpapier ein und lege es in die Mitte des Sterns. Lege die Spitzen des Sterns um das Geschenk, fädle die Kordel durch die Löcher und binde die Sterntasche zu.

Achtung: Diese Verpackung ist nicht für schwere oder harte Gegenstände geeignet.

Holzstern

B11

Material
Sperrholz (5 mm)
Kupferdraht (2 - 3 mm)
Gold- & Silberlackfarbe
Holzleiste (2 x 3 x 6 cm)
Sternschablonen
Klebeband

Werkzeug
Laubsäge & Zubehör
Kombizange
Schleifpapier (80/100/150)
Handbohrer (2 & 3 mm)

Arbeitsablauf

1.

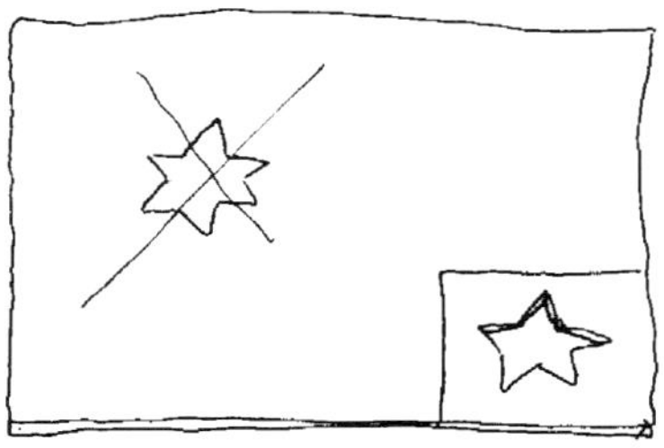

4.

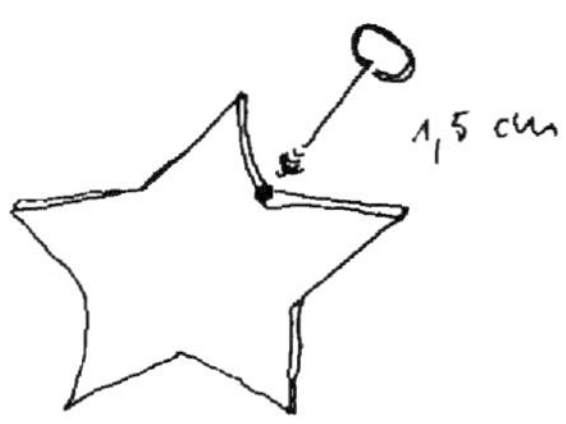

6.

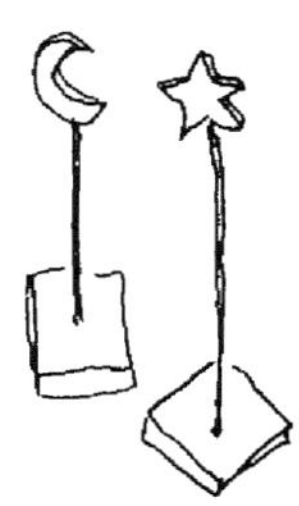

Sterne:
1. Klebe die ausgeschnittenen Sternschablonen mit Klebeband auf die Sperrholzplatte und zeichne die Sterne mit Bleistift nach.

2. Säge die Sterne aus und schleife sie sorgfältig.

3. Male die Sterne mit Lackfarbe an.

4. Bohre in die schmale Seite zwischen zwei Sternzacken ein Loch von ca. 1,5 cm Tiefe. Nimm den passenden Bohrsatz zum gewählten Kupferdraht.

Holzsockel:
5. Säge für jeden Stern einen Holzsockel von 2 cm x 3 cm x 6 cm zu. Schleife sie sorgfältig und male sie ebenfalls mit Lackfarbe an.

6. Bohre in die Mitte des Holzsockels ein Loch von 1 cm Tiefe. Achte darauf, dass du nicht das ganze Holz durchbohrst.

Abschluss: Schneide mit der Kombizange für jeden Stern ein beliebig langes Drahtstück ab. Verbinde damit Sockel und Stern.

Achtung: Du musst ganz gerade bohren können.

Sternlicht

Material
Sperrholz (4 mm)
Gold- & Silberlackfarbe
Teelichter
Sternenschablone
Alleskleber & Klebeband

Werkzeug
Laubsäge & Zubehör
Schleifpapier (80/100/150)

Arbeitsablauf

1. Schneide je eine Schablone für einen grossen und einen kleinen Stern aus, befestige sie mit Klebstreifen auf dem Sperrholz und zeichne sie mit dem Bleistift nach.

2. Säge die Sterne aus, schleife sie sorgfältig und male sie mit Lackfarbe an.

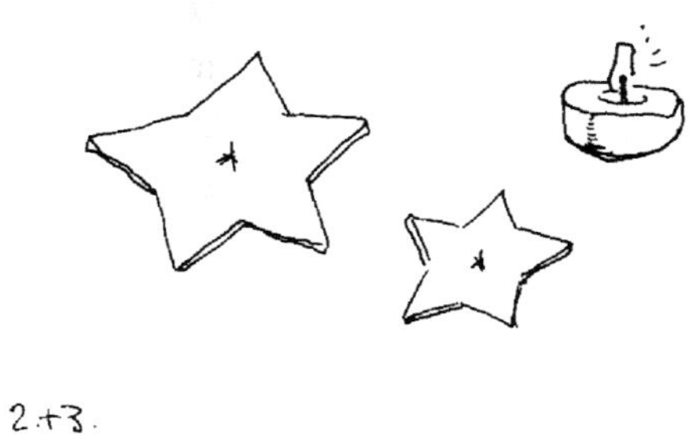

3. Klebe den kleinen Stern so auf den grossen, dass alle 10 Zacken sichtbar sind.

Abschluss: Klebe als Letztes das Teelicht in die Mitte des kleinen Sterns.

Heissleimstern

B13

Material
Backpapier
Heissleim
Goldspray

Werkzeug
Heissleimpistole
Klebstreifen
Schablonen
Unterlage
Wasserbecken

Arbeitsablauf

Schablone unter Back-papier!

1.+2.

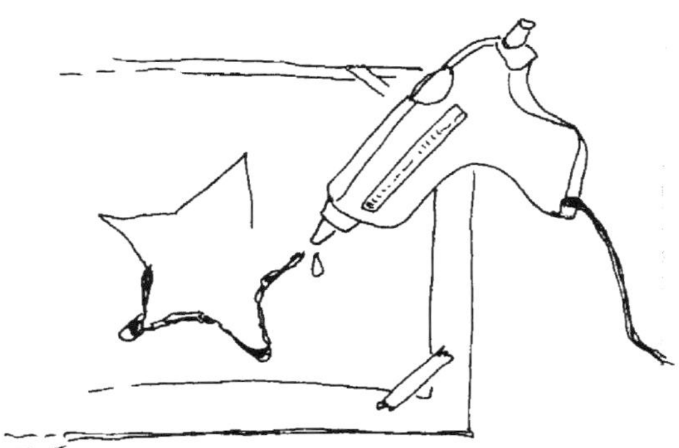

3.

6.

1. Klebe Backpapier mit Klebstreifen auf eine Unterlage.
2. Schiebe die gewünschte Schablone zwischen Unterlage und Backpapier.
3. Fahre mit dem Heissleim den Umrissen der Schablone nach.
4. Fülle den Stern nun gitterartig mit Heissleim.
5. Lass den Stern trocknen.
6. Zieh den Stern vom Backpapier ab, weiche ihn kurz im Wasser ein und zieh das restliche Backpapier ab.

Abschluss: Besprühe den Stern auf beiden Seiten mit Goldspray. Wenn du ihn aufhängen möchtest, kannst du an einem Zacken ein dünnes Geschenkband befestigen.

Wachsstern

B14

Material
Paraffin/alte Kerzenreste
dünner Dekodraht
Backtrennpapier

Werkzeug
alte Lumpen
grosse Blechdosen
alter Kochtopf
altes Backofenblech
Ausstechformen (Stern)
Schaschlikspiesse (Rühren)

1.

2.

3.

Arbeitsablauf

Wähle eine Wachsfarbe aus.

1. Gib das Wachs in die Blechdose, stell die Dose in den mit Wasser gefüllten Kochtopf und lass das Wachs schmelzen. Rühre ab und zu mit dem Schaschlikspiess um.

2. Giess das geschmolzene Wachs auf das mit Backtrennpapier belegte Blech. Es muss 5 mm bis 1 cm hoch sein. Lass das Wachs leicht auskühlen, Oberfläche und Boden müssen lauwarm und matt sein.

3. Stich mit den Förmchen Sterne aus, trenne sie vorsichtig vom Boden und lass sie auf einem Lumpen an der Luft trocknen. Das übrig gebliebene Wachs kannst du wieder einschmelzen.

4. Umwickle die Sterne mit Dekodraht.

Abschluss: Befestige einen Anhänger am Dekodraht.

Vogelfutterstern

Material
Hirsekörner
Pflanzenfett
Alufolie
Geschenkband

Werkzeug
Kochtopf
Ausstechformen (Stern)
Schöpfkelle
Blech als Unterlage

4.

Arbeitsablauf

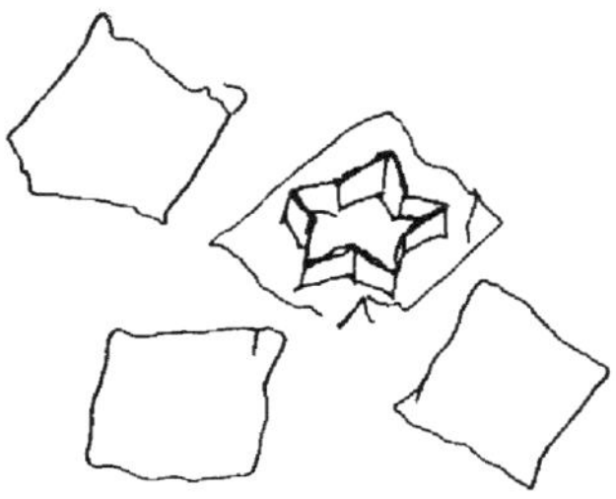

1.

1. Ausstechformen vorbereiten:
Schneide die Alufolie in Quadrate, die etwas grösser sind als die Ausstechformen. Lege die Formen auf die Aluquadrate und drücke die Alufolie fest an die Aussenseite der Formen. So entsteht ein undurchlässiger Boden.

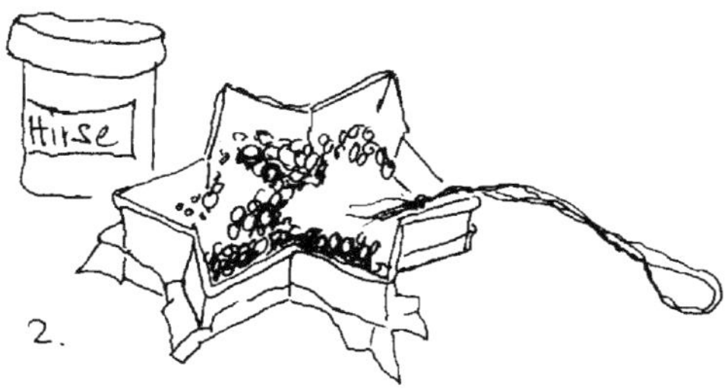

2.

2. Füllen:
Knote ein Stück Geschenkband zur Schlinge und lege das geknotete Ende in eine Sternspitze der Form. Fülle die Form zu drei Vierteln mit Hirse. Schmelze das Pflanzenfett langsam in einem Kochtopf, bis es flüssig ist. Schöpfe es mit der Kelle und fülle vorsichtig den Stern mit dem Fett. Fülle nach, wenn das Fett abgesunken ist, bis die Form voll ist.

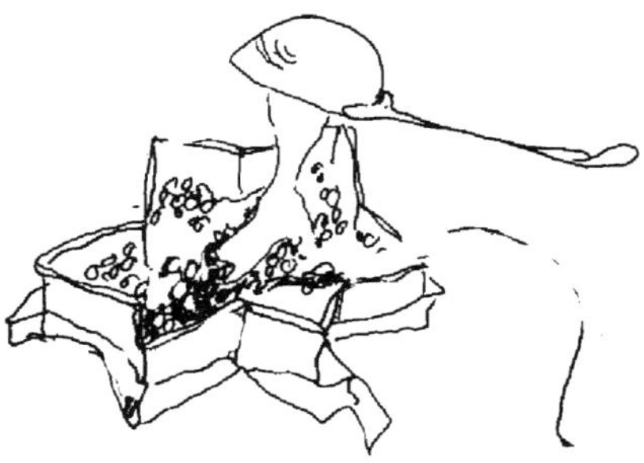

3.

3. Aushärten lassen:
Warte, bis der Stern ganz ausgehärtet ist. An kalten Tagen kannst du ihn nach draussen legen. Deck ihn aber mit einem Tuch zu. Je kälter der Stern ist, umso besser kannst du ihn aus der Form lösen.

Abschluss: Jetzt kannst du deinen Hirsestern vors Fenster oder in den Garten hängen. Viele Vögel werden sich über dein Geschenk freuen.

LICHTER

Hört, wie hell ein Glöcklein klingt,
der Kinder Herz vor Freude springt,
erfüllt die Welt mit Lichterschein
und Weihnachtsfriede kehre ein.

Licht ist ein uraltes Symbol für das Göttliche in allen Religionen – für Leben, Wahrheit –, die Quelle des Guten.
Licht vertreibt das Dunkle und Böse, das den Menschen das Leben erschwert, bis hin zum Tod. Vor allem im Winter wurden schon lange vor Einzug des Christentums Lichter in die Fenster und vor die Türen gestellt, um Dämonen und andere böse Geister, die Kälte, Krankheit und Hunger brachten, zu vertreiben. Aus diesem Grund lehnen einige christliche Untergruppierungen die Kerze als heidnisches Symbol ab. Es empfiehlt sich deshalb für die Lehrperson, vor Einstieg in dieses Thema eventuellen Glaubenskonflikten einzelner Kinder vorzubeugen.

Im deutschsprachigen Raum sind im Advent die Strassen oft prächtig geschmückt, mit Sternen- und Glocken-Girlanden, mit Lichtern aller Art. Auch zu Hause erfreuen sich viele Menschen in dieser Wartezeit besonders am Schein von Kerzen, die Wärme spenden und manchmal auch Trost.
Weihnachten symbolisiert auch heute noch für viele das Fest der Lichter und das damit verbundene innere Wohlsein. Es braucht so wenig und ist doch so schwer. „Eine Kerze abbrennen lassen und sich wirklich einmal die Zeit dazu nehmen, gar nichts weiter zu tun als dieses.“ Manchmal reichen schon fünf Minuten Pause im Kerzenschein, um die innere Gelassenheit und Zufriedenheit wiederherzustellen.

Unser Kapitel <Lichter> beschäftigt sich mit der überkonfessionellen Bedeutung Licht = Wärme = Geborgenheit = Frieden. Wieder steht das soziale Bewusstsein im Mittelpunkt, das aus dem Innern des Einzelnen erwächst, erwachsen kann, wenn dieser ein ungestörtes Verhältnis zu sich selbst hat.

Inhalte der Arbeitsblätter

A23	Der Begriff <Licht> als Symbol für das Göttliche (O - PA)
A24	Die Bedeutung der Kerze im Volksmund (M/O - EA)
A25	Eine Lichterausstellung organisieren (M/O - GA)
A26	Lichterfeste verschiedener Kulturen (M - EA)
A27	Textinterpretation (Friede, Glaube, Liebe, Hoffnung) – Adventskerzen (M - EA)
A28	Gute Vorsätze ausdenken und einhalten (U/M - EA)
A29	Licht symbolisiert Glück – kreative intonale Umsetzung (O - EA)
A30	Lichterspiele (U/M/O - GA)
A31	Eine Flamme beobachten und zeichnen (U/M/O - EA)
T6/A32	Textinterpretation, Kerze verzieren (U/M - GA)
G7	Weihnachten mit allen Sinnen, ausgenommen der Augen, wahrnehmen (M/O - PA)
L3	<Was soll das bedeuten>

Dazu diverse Bastelideen.

Lösungen zum Kapitel <Lichter>

A24 Die Kerze im Volksmund

Auftrag 2

- Wachs und Kerzenlicht symbolisieren Leben und Tod.
- Christen benutzen Kerzen für den Totenkult.
- Seit dem 4. Jh. wird die Kerze auch für die Taufe benutzt, also das Leben.
- Weihnachtskerzen sind eine neuzeitliche Erscheinung und nicht christlichen Ursprungs.

A26 Lichterfeste

Auftrag 2

1. Das Saturnfest – Römer – unterstes Bild
2. Lucia, die Lichtträgerin – Schweden – mittleres Bild
3. Das Chanukkafest – Juden – oberstes Bild

A27 Die vier Kerzen

Auftrag 3

Solange der Mensch lebt, hat er Hoffnung. Ohne Hoffnung erlischt auch der Lebenswille. Wer hofft, findet immer wieder die Kraft weiterzumachen oder neu anzufangen, d. h. auch wieder zu lieben, zu glauben und so seinen inneren Frieden zu finden und ihn nach aussen zu tragen.

Symbol für das Göttliche

Material Schreib- und Malzeug, AWHeft, vorhandenes Bild- und Lesematerial

Aufträge

1. In der Weihnachtsgeschichte findet ihr immer wieder den Begriff <Licht>, ob als Heiligenschein, Sternschnuppe oder unerklärliches Licht im Raum etc. Durchsucht das vorhandene Material (Bücher, Bibel, Bilder) nach <Licht>.

2. Notiert die verschiedenen Lichtformen, die ihr gefunden habt, schreibt auch Zitate und kurze Textstellen ab.

3. Versucht nun, anhand des zusammengetragenen Materials den Begriff <Licht> als Symbol für das Göttliche zu erklären.

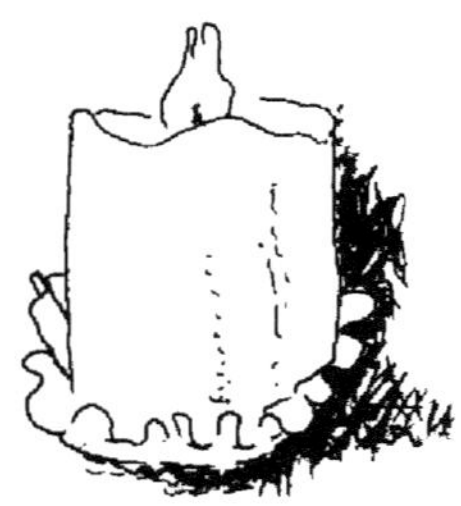

Platz für deinen eigenen Posten

Die Kerze im Volksmund

Material Kerze, Zündholz, Schreibzeug, Zeitschriften, Bastelzeug

Aufträge

1. Lies den Text und markiere die verschiedenen Bedeutungen der Kerze.

2. Erkläre den Begriff <Kerze> schriftlich – kurz und einfach.

____

____

3. Fertige eine Collage aus Kerzenbildern an. Sie soll die Bedeutung der Kerze symbolisieren.

Wachs und Kerzenlicht sind im Volksmund seit je mit Leben und Tod in Verbindung gebracht worden.
Die Basken beispielsweise glaubten, dass es mit dem Abbrennen einer Wachskerze möglich sei, einen Freund zu töten.
In Albanien benutzte man die Kerze in der Nikolausnacht, weil da – wie man glaubte – die Toten aus ihren Gräbern für eine Nacht zurückkehren.
Die Christen haben die Kerze zunächst für den Totenkult benutzt. Ab dem 4. Jahrhundert wurde sie auch für Prozessionen und für Tauffeiern und seit dem 5. Jahrhundert v. a. an Ostern im Gottesdienst gebraucht.
Im Mittelalter brannten dann in den Kirchen so häufig Kerzen, dass die Beschaffung des Wachses ein Problem wurde. Hörige wurden sogar von den Abgaben befreit, damit sie sich auf die Entrichtung des Wachszinses (in Naturalien oder Geld) konzentrieren konnten. Viele Gotteshäuser setzten einen Kirchendiener dazu ein, die Lieferung der Strafkerzen zu überwachen. Die Lichtmessfeier vom 2. Februar diente der Weihe der Kerzen.
Weihnachtskerzen werden in einer Chronik des 16. Jahrhunderts erwähnt, mit Kerzen geschmückte Christbäume scheint es jedoch kaum vor dem 18. Jahrhundert gegeben zu haben.

Und der häufige Gebrauch von Kerzen in der Weihnachtszeit scheint erst in der Neuzeit aufgekommen zu sein.
Die Kerze wird, v. a. von den Katholiken, eher für Totenkulte, Bitt- und Bussgebete verwendet.
Noch im letzten Jahrhundert mussten Büsser mit brennenden Kerzen in den Händen vor dem Altar hinknien, und Toten verlieh man durch reichliches Kerzenbrennen im Nachhinein Ansehen und Würde.

Das Fest der Lichter

A25

Material Lampen aller Art, Kerzen, Streichhölzer, Fotoapparat, Werbekataloge, Schreib- und Malzeug, AWHeft

Aufträge

1. Bringt alle möglichen Lichtquellen mit und stellt sie im Klassenzimmer aus.

2. Geht durch die Schule, eure Strasse, die Innenstadt und das Einkaufszentrum und fotografiert möglichst viele verschiedene Lichtquellen.

3. Licht kann aber viel mehr sein als Helligkeit. Das sagt der unten stehende Text aus. Versucht, das <innere Licht>, die Wärme, die Erleuchtung darzustellen durch Texte, Collagen, Bastelarbeiten, Geräusche oder was euch sonst noch einfällt.

4. Jetzt habt ihr alles für eine umfassende Lichtausstellung. Ihr müsst sie nur noch schön installieren, die Lichter, Texte und Interpretationen geschickt einsetzen, und alle werden staunen.

Weihnachten ist für uns alle ein Lichterfest. Die Lichtgirlanden in Strassen- und Einkaufszentren mögen uns vielleicht stören. Mit Kerzen in unseren Wohnungen aber, dem Adventskranz und Lichter tragenden Engeln z.B. machen wir die düsteren Winterabende gemütlich. Lichterumzüge im Herbst (Laternelaufen und Räbeliechtliumzug) und in der Vorweihnachtszeit bringen helle Punkte in die finsteren Spätnachmittage. Das Warten auf hellere, wärmere Zeiten wäre kaum zu ertragen, wenn nicht Weihnachten den Winter unterbrechen würde.

Seit ungefähr 500 Jahren werden in der dunklen Jahreszeit Weihnachtskerzen aufgestellt. Allerdings ist der Brauch, im Winter Lichter vor Türen und Fenster zu stellen, noch viel älter. Man wollte damit Dämonen abhalten, die man in der Mittwinterzeit fürchtete.

Wie aber kam man von diesem heidnischen Brauch zu den Weihnachtskerzen?

In der Bibel finden wir im Zusammenhang mit der Weihnachtsgeschichte viele Lichter. Herrliches Licht ist um die Engel, die den Hirten die Geburt Jesu verkünden. Ein Stern, ein grosses Licht, zeigt den drei Weisen aus dem Morgenland den Weg nach Bethlehem.

Im Evangelium des Johannes spricht Jesus von sich selbst als dem <Licht der Welt>. Und wir hören in der Weihnachtszeit den Text des Propheten Jesaja (Kap. 9,2):

> Das Volk, das in der Finsternis wandelt,
> sieht ein grosses Licht,
> und über denen, die da wohnen
> im finsteren Lande, scheint es hell.

Auf das Licht in der Finsternis haben Menschen vor weit mehr als 2000 Jahren schon gewartet. Dass dieses Licht in Bethlehem tatsächlich zu den Menschen gekommen ist, feiern wir zu Weihnachten. Es ist nicht unbedingt das Licht am Tannenbaum oder an der Lichtgirlande, sondern vielmehr das in unserem Innern.

Lichterfeste

Material Schreib- und Malzeug, bunte A6-Karten

Aufträge

1. Schneide Texte, Titel und Bilder aus.
2. Ordne jedem Text einen Titel und ein Bild zu.
3. Klebe jeweils einen Text mit Titel und Bild auf eine Karte.
4. Verziere die Karten.

Das Saturnfest

In Schweden zieht am 13. Dezember ein Mädchen der Familie ein weisses Kleid an und setzt sich einen Lichterkranz auf den Kopf. So, als Lucia verkleidet, bringt es der übrigen Familie das Frühstück ans Bett.
Die heilige Lucia wurde ca. 304 n. Ch. unter Diokletian in Syrakus hingerichtet. Sie hatte sich selbst erblindet und ihren Reichtum den Armen geschenkt.

Das Chanukkafest

Am 25. Dezember, nach dem römischen Kalender der kürzeste Tag im Jahr, feierten die Römer das Fest der unbesiegbaren Sonne – das Saturnfest. Sie brachten den Sonnengöttern viele Opfer und Geschenke, um sie wieder zu wecken, und stellten Kerzen in die Fenster und vor die Tür.

Lucia, die Lichtträgerin

Als die Juden den Tempel von Jerusalem zurückbekamen und einweihen wollten mit ihrem siebenarmigen Leuchter, fanden sie nur ein einziges Kännchen mit heiligem Öl. Aber wie durch ein Wunder reichte es die vorgeschriebenen acht Tage. Deshalb hat der Chanukka-Leuchter seither acht Arme, und die Juden feiern das Lichterfest (Chanukka) mit acht Kerzen.

Die vier Kerzen

Material Vier Kerzen oder ein Adventskranz, Streichhölzer, Schreib- und Malzeug, AWHeft

Aufträge

1. Zünde alle vier Kerzen an und beobachte sie. Stelle sie an verschiedene Orte (unter offenes Fenster, vor Türspalt, Heizung etc.).
2. Lies den Text. Zeichne vier grosse Kerzen ins AWHeft, benutze die ganze Seite. Zeichne in jede Kerze ein Bild zu ihrer Bestimmung (Frieden, Glauben, Liebe, Hoffnung).
3. Warum ist die vierte Kerze so sicher, dass sie die anderen immer wieder entzünden kann? Schreibe deine Antwort in ganzen Sätzen auf die Linien:

____

____

____

____

Die vier Kerzen

Vier Kerzen brannten am Adventskranz. Es war ganz still, so dass man hörte, wie die Kerzen zu reden begannen.

Die erste Kerze seufzte und sagte: „Ich heisse Frieden. Mein Licht leuchtet, aber die Menschen halten keinen Frieden, sie wollen mich nicht." Ihr Licht wurde immer kleiner und verlosch schliesslich ganz.

Die zweite Kerze flackerte und sagte: „Ich heisse Glauben. Aber ich bin überflüssig. Die Menschen wollen von Gott nichts wissen. Es hat keinen Sinn mehr, dass ich brenne." Ein Luftzug wehte durch den Raum, und die zweite Kerze war aus.

Leise und sehr traurig meldete sich nun die dritte zu Wort: „Ich heisse Liebe. Ich habe keine Kraft mehr zu brennen. Die Menschen stellen mich auf die Seite. Sie sehen nur sich selbst und nicht die anderen, die sie lieb haben sollen." Und mit einem letzten Aufflackern erlosch auch dieses Licht.

Da kam ein Kind in das Zimmer. Es schaute die Kerzen an und sagte: „Aber, ihr sollt doch brennen und nicht aus sein!" Und fast fing es an zu weinen. Da meldete sich auch die vierte Kerze zu Wort.

Sie sagte: „Hab keine Angst! Solange ich brenne, können wir die anderen Kerzen wieder anzünden. Ich heisse Hoffnung."

Mit einem Streichholz nahm das Kind Feuer von dieser Kerze und zündete die anderen Lichter wieder an.

Jeden Tag eine Erleuchtung

Material Kerze, Kärtchen, Klammern, Schnur (2 m), Schreib- und Malzeug

Aufträge

1. Befestige deine Schnur mit einem Ende an der Decke und lass sie herunterhängen.
2. Zünde jeden Morgen deine Kerze an. Während du sie anzündest, nimmst du dir etwas Gutes vor für diesen Tag.
3. Deinen Vorsatz schreibst du auf ein Kärtchen und hängst es mit einer Wäscheklammer so weit oben an die Schnur, wie du kannst.
4. Hast du den guten Vorsatz erfüllt, nimmst du das Kärtchen und befestigst es am unteren Ende der Schnur. Ist es dir nicht gelungen, lässt du es oben hängen.
5. Hast du zu einem späteren Zeitpunkt einen bereits erfüllten Vorsatz missachtet, musst du die entsprechende Karte wieder nach oben hängen.

Ziel Zu Weihnachten sollen alle Karten unten hängen!

Sehnsucht nach Licht

Material Schreib- und Malzeug, Zeichenblatt

Aufträge

1. Lies den Spruch von Henrik Ibsen so oft, bis du ihn auswendig kannst.
2. Lies ihn nun laut und betone jedes Mal ein anderes Wort.
3. Jedes Mal bekommt so der Spruch eine andere Bedeutung. Notiere alle Bedeutungsmöglichkeiten, die du findest. Schreibe jedes Mal den Spruch oben drüber und markiere das betonte Wort.
4. Entscheide dich für die Möglichkeit, die dir am nächsten ist, und gestalte ein Bild dazu.

Lichterspiele

A30

Material Kerzen, Streichhölzer, abdunkelbarer Raum

Diese Spiele lassen sich beliebig variieren. Aber sie brauchen alle einen speziellen Raum und festgelegte Spielregeln. Die müsst ihr miteinander absprechen. Viel Spass!

1. Schattenspiel
Im abgedunkelten Raum im Kreis sitzen. In der Mitte steht eine Kerze.
Ziel:
Durch das Verstellen der Kerze Schattenbewegungen erzeugen und kommentieren.

2. Dunkelheit
Jeder sucht sich im abgedunkelten Raum eine Position.
Ziel:
Durch Fragen und Antworten ohne Berührung die Dunkelheit überwinden und zueinander finden.

3. Kerzenspiel
Alle verteilen sich im Raum mit Blick auf eine auf dem Pult stehende Kerze.
Ziel:
Die Bewegungen der Flamme mit dem ganzen Körper übernehmen.

4. Pantomime
Alle sitzen im Kreis, in der Mitte steht eine grosse, brennende Kerze.
Ziel:
Ein Kind stellt neben der Kerze eine weihnachtliche Situation in Pantomime dar. Die anderen raten. Nach dem Erraten wird gewechselt.

5. Lichtspiel
Alle sitzen im Kreis mit einem Holzstäbchen in der Hand. In der Mitte brennt eine Kerze.
Ein Kind darf sein Holzstäbchen an der Kerzenflamme entzünden und danach die Kerze löschen. Nun wird die Flamme von Holzstäbchen zu Holzstäbchen weitergegeben.
Ziel:
Die Flamme darf nicht erlöschen, damit der Letzte die Kerze in der Mitte wieder entzünden kann.

Male eine Flamme

Material Buchstütze, Kerze, Streichhölzer, verschieden farbige Zeichenblätter als Hintergrund, Malzeug

Aufträge

1. Stell die Buchstütze auf dein Pult, die Kerze davor und zünde sie an.
2. Stell nun nacheinander verschieden farbige Zeichenblätter auf die Buchstütze als Hintergrund und betrachte jedes Mal die Farbe der Flamme.
3. Entscheide dich für den Hintergrund, der dir am besten gefällt, und beginne auf ein gleichfarbiges Blatt zu malen.
   Denk daran, die Flamme ist das Wichtigste, sie soll den grössten Platz auf dem Bild einnehmen.

* Wenn dir diese Arbeit Spass macht, kannst du auch mehrere Bilder malen mit je anderem Hintergrund, variiere auch Maltechniken und Zeichenmaterial.

Licht kann man verschenken

Material Kerze, Streichhölzer, Papier, Schreib- & Malzeug, T6, Bastelwachs, Cutter

Aufträge

1. Nehmt eure Kerze in die Hand und überlegt, wie ihr sie verzieren möchtet.
2. Zeichnet euer Muster auf einem Blatt Papier vor.
3. Schneidet die einzelnen Teile eures Musters aus dem Bastelwachs aus und beklebt eure Kerze damit.
4. Entzündet nun eure Kerze und lest abwechselnd die Geschichte T6 vor.

* Beschenkt euch gegenseitig mit euren Kerzen und unterhaltet euch darüber, was wohl aus dem alten Mann wurde. Wenn euch danach ist, könnt ihr auch singen und tanzen. Beobachtet dabei eure Gesichter. Was seht ihr?

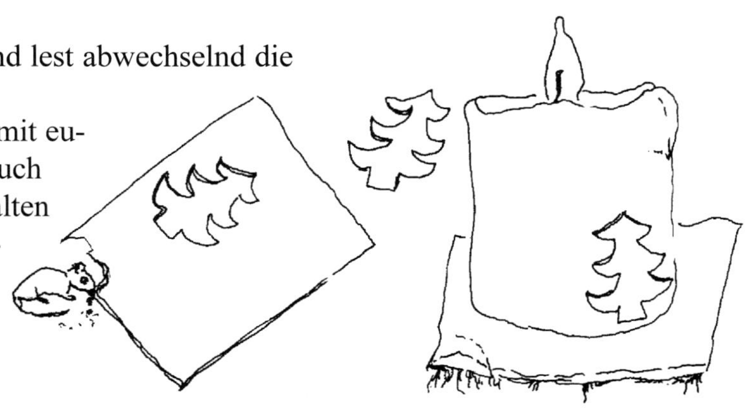

Licht kann man verschenken

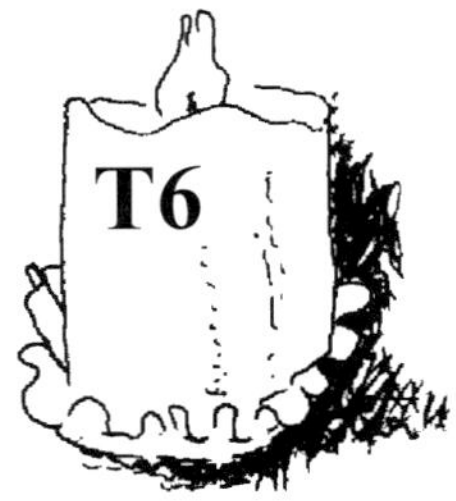

Einst lebte hoch in den Bergen in einem kleinen Dorf ein freundliches Volk. Die Einwohner lächelten ständig, waren nett und offen auch zu Fremden, die herzlich aufgenommen und fürstlich bewirtet wurden.

Diese Fröhlichkeit hatte einen Grund. Niemals sah man einen Menschen ohne Kerze durchs Dorf laufen. Es waren wunderschöne Kerzen, von Kinderhand verziert. Wenn sich auf dem Marktplatz mehrere Menschen trafen, erstrahlte der Platz in hellem Schein, und bald schon wurde gesungen, getanzt und gefeiert bis in die Nacht.

Kehrten die Menschen danach müde und glücklich heim, trugen sie eine neue Kerze bei sich, das Geschenk eines Freundes, Nachbarn oder Verwandten. Jeden Tag beschenkten sie sich gegenseitig, zündeten neue Lichter an und trugen sie auch zu den Alten und Kranken, die nicht mitfeiern konnten, um deren Schmerz und Kummer zu lindern.

Doch hoch oben auf dem Gipfel wohnte ein alter, griesgrämiger Mann ganz allein - schon seit vielen Jahren. Er mochte weder Menschen noch Licht oder Freude. Wenn er von seinem Bänklein vor dem Haus auf das Lichtermeer des Dorfes hinabschaute, ärgerte er sich über diese Verschwendung.

Wenn er ins Dorf ging, um Vorräte zu besorgen, schlich er um die Häuserecken, um ja keinem Kerzenträger zu begegnen.

Eines Tages begegnete er trotzdem einem kleinen Mädchen. Dieses freute sich so sehr, diesen seltenen Gast zu treffen, dass es ihm seine allerschönste Kerze schenken wollte. Aber der Alte lehnte ab und mahnte das Kind, mit dem Schenken vorsichtig zu sein. Denn bald würde es kein Licht mehr geben und dann würde es dunkel und kalt werden.

Dieser Ratschlag verbreitete sich im Dorf wie ein Lauffeuer, und die Menschen begannen tatsächlich, sparsamer mit ihren Kerzen umzugehen. Sie beschenkten nur noch ihre engsten Freunde, und auch das nahm von Woche zu Woche ab. Allmählich erlosch der Glanz des Dorfes und mit ihm verschwanden auch die fröhlichen Gesichter der Einwohner. Sie wurden immer grimmiger, versammelten sich nicht mehr und erzählten sich keine Geschichten mehr. Sie vergassen ihre Lieder, Tänze und Feste. Einsam und traurig sassen sie vor ihrer letzten Flamme. Als auch diese erlosch, wurde es stockfinster und eiskalt.

All das beobachtete der alte Mann von seinem Gipfel aus. Und auch ihn machte die Finsternis traurig. Denn eigentlich hatte er sich in seinem Innersten über die Lichter im Dorf gefreut. Nun suchte er in einem uralten, verstaubten Buch nach Rat. Als er es ausgelesen hatte, lief er in den Wald, sammelte trockenes Holz und entfachte ein grosses Feuer.

Unten im Dorf kamen alle Menschen aus ihren Häusern und schauten erstaunt zum Gipfel hinauf. Sie konnten nicht glauben, dass ausgerechnet von der Hütte des alten, grimmigen Mannes so ein Glanz ausging. Eilig suchten sie Fackeln, Laternen und Kerzen zusammen und machten sich gemeinsam auf den Weg zum Gipfel. Unterwegs begannen sie zu reden. Oben angekommen entzündeten sie ihre Fackeln, Laternen und Kerzen. Es entstand ein riesiges Lichtermeer. Vor lauter Glück begannen alle zu singen und zu tanzen. Sie feierten, bis das grosse Feuer erloschen war.

Überglücklich kehrten sie in den frühen Morgenstunden in ihr Dorf zurück. Sofort schenkten sie ihre wieder entzündeten Kerzen den Alten und Kranken, die nicht mit auf den Gipfel kommen konnten. Und auf einmal kehrte auch das Lächeln in die Gesichter aller Dorfbewohner zurück. Sie trafen sich wieder, erzählten sich Geschichten, sangen, tanzten und feierten. Sehr viele Kerzen wurden in den ersten Tagen vergeben, und die Lichter im Dorf verloschen nie mehr. Das Dorf erstrahlte bald wieder in seinem alten Glanz.

Und der alte Mann auf dem Gipfel?

Weihnachten mit einem blinden Kind

Material Duftkerzen, Streichhölzer, Zimtsterne, Tannenzweige etc., Schreibzeug, AWHeft

Aufträge

1. Lest das Gedicht langsam, laut und Wort für Wort durch.
2. Könnt ihr euch vorstellen, zu Weihnachten nichts mehr zu sehen? Notiert im AWHeft, was ihr alles nicht mehr sehen könntet, und unterstreicht die Dinge, die euch besonders fehlen würden.
3. Lass dir die Augen verbinden und bleibe einen Augenblick einfach sitzen. Dein/e Partner/in hat in der Zwischenzeit die weihnachtlichen Dinge, die ihr mitgebracht habt, im Klassenzimmer verteilt.
4. Versuche nun, sie mit verbundenen Augen zu finden. Dein/e Partner/in wird immer an deiner Seite sein und aufpassen, dass du dir nicht wehtust. Konzentriere dich also ganz auf die Suche. Wenn du alles gefunden hast, wechselt ihr.
5. Wie hast du die Sachen gefunden? Was hast du gespürt, gehört, gerochen? Wie war es, sich ganz auf jemanden verlassen zu müssen? Schreibe deine Erfahrungen auf.
6. Kannst du jetzt die letzten Fragen des Gedichts beantworten? Schreibe die Antwort ebenfalls ins AWHeft.

Rita Peter

Weihnachten mit einem blinden Kind

Du lebst in unserem Haus.
Aber das Licht
in der Stube,
das Kerzenlicht,
kleines Mädchen –
das Licht siehst du nicht.
Du nimmst
die Kugeln,
die Sterne,
die Zweige
vorsichtig in die Hand.
Aber das Licht,
unser Kerzenlicht,
sehen deine Hände nicht.

Du liebst
unser süsses Gebäck
und auch den Duft
von Kerzen
und Nadeln am Baum.
Nur das Licht
kennst du nicht.
Gibt es für dich
vielleicht
doch ein Licht?
Und du brauchst dazu
deine Augen nicht?
Liebe und Wärme,
daheim zu sein,
gibt das dir Licht
wie der Kerzenschein?

Was soll das bedeuten

Was soll das bedeuten? Es taget ja schon!
Ich weiss wohl, es geht erst um Mitternacht rum.
Schaut nur daher! Schaut nur daher!
Wie glänzen die Sternlein je länger je mehr.

Treibt z'sammen, treibt z'sammen die Schäflein fürbass!
Treibt z'sammen, treibt z'sammen, dort zeig ich euch was:
Dort in dem Stall, dort in dem Stall
werd't Wunderding sehen, treibt z'sammen einmal!

Ich hab nur ein wenig von weitem geguckt,
da hat mir mein Herz schon vor Freuden gehupft.
Ein schönes Kind, ein schönes Kind
liegt dort in der Krippe bei Esel und Rind.

Strahlt ein Licht in jedem Haus

Es ist für uns eine Zeit angekommen,
die bringt uns eine grosse Freud.
Hell am Kranz die Kerze brennt,
Kerze brennt, Kerze brennt,
denn wir feiern den Advent.

Es ist für uns eine Zeit angekommen,
die bringt uns eine grosse Freud.
Leucht uns, du liebes Licht,
liebes Licht, liebes Licht,
leuchte und verlösche nicht.

Es ist für uns eine Zeit angekommen,
die bringt uns eine grosse Freud.
Strahlt ein Licht aus jedem Haus,
jedem Haus, jedem Haus,
in die weite Welt hinaus.

Es ist für uns eine Zeit angekommen,
die bringt uns eine grosse Freud.
Leuchtend glänzt der Sternenschein,
Sternenschein, Sternenschein,
Weihnachtsfreude zieht bald ein.

Fimo-Windlicht

Material
Fimo
Fimo-Transparent
Kleines Glas
Teelicht

Werkzeug
Plastikunterlage
Küchenmesser
Modellierholz
Sternschablonen
Wallholz

Arbeitsablauf

1. Schneide die Sternschablonen aus.

2. Wähle eine Farbe des Fimo-Transparents aus und knete die Masse, bis sie weich ist.

3. Walze das Fimo wie einen Kuchenteig aus.

4.

4. Lege eine Schablone auf das ausgewallte Fimo-Transparent und stich den Stern mit dem Modellierholz aus.

5.

5. Klebe so viele Sterne auf das Glas, wie du möchtest.

6. Wähle eine Hintergrundfarbe des nicht transparenten Fimos, knete es weich und walze es möglichst dünn aus.

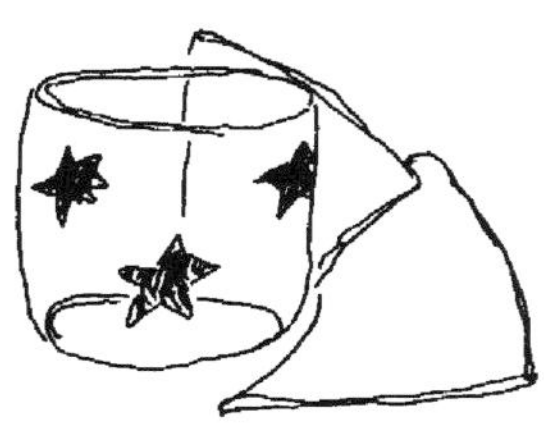

6.

Abschluss: Bedecke den Rest des Glases mit einer dünnen Schicht Fimo.

Achtung: Deine Sterne dürfen nicht überklebt werden und sollen möglichst ihre Form behalten.

Window-Colors-Laterne

B17

Material
Motive
Fensterfarben
Projektorfolie
Wellkarton (A3 & A4)

Werkzeug
Massstab & Bleistift
Metallmassstab & Cutter
Heissleim & Klebstift
Schablonen

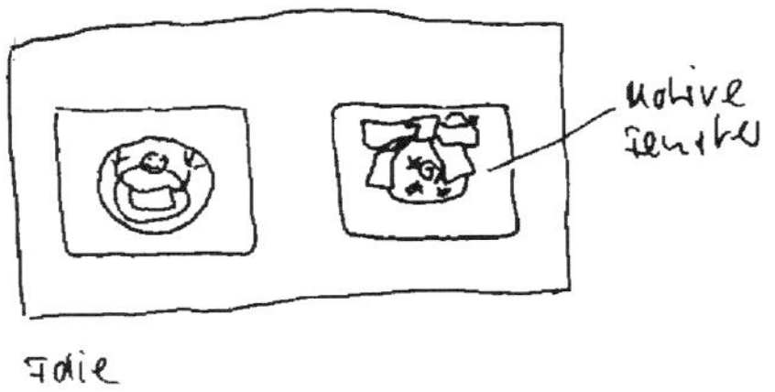

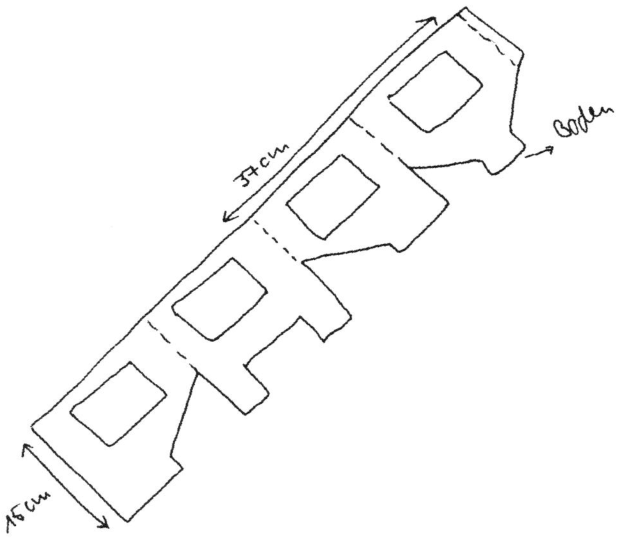

Arbeitsablauf

1. Übertrage die Konturen 4 gewählter Motive auf die Projektorfolie (je 2 pro Folie) und lass sie trocknen.

2. Übertrage nun die Schablonen für die Laterne auf den Wellkarton.

3. Schneide die Laterne mit dem Cutter und mit Hilfe des Metallmassstabs aus.

4. Male nun deine Motive mit Fensterfarben aus.

5. Nun musst du warten, bis die Motive trocken sind. Du kannst in der Zwischenzeit eine andere Arbeit beginnen.

6. Klebe die Folien mit Heissleim auf den zurechtgeschnittenen Wellkarton.

Abschluss: Klebe die Laterne zusammen und stell ein Teelicht hinein.

Achtung: Schneide mit dem Cutter immer senkrecht zu dir hin und drücke nicht zu fest.

Seidenpapier-Windlicht

Material
Seidenpapierreste
(nicht färbend)
Kleister
kleines Glas
Teelicht

Werkzeug
Plastikunterlage
Kleisterbecken
Kleisterpinsel

Arbeitsablauf

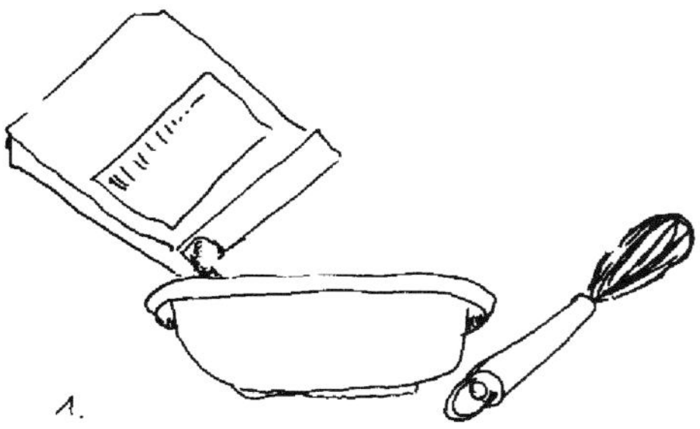

1.

1. Erkundige dich zuerst, ob schon jemand Kleister angerührt hat. Frage auch, wie viele Kinder Kleister brauchen, damit du mit deiner Lehrkraft die richtige Menge anrührst. Das Mischverhältnis steht auf der Packung.

2.

2. Wähle Farben aus und reisse das Seidenpapier in Stückchen.

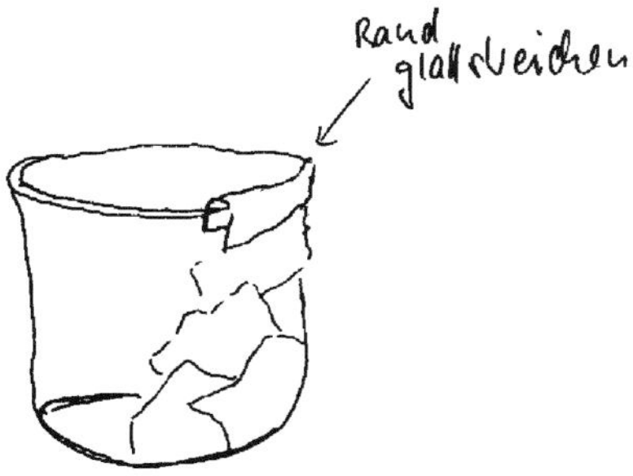

3.

3. Tunke das Seidenpapier in Kleister und klebe es auf das Glas. Fasse den Rand sorgfältig ein.

Achtung: Beklebe den Boden des Glases NICHT mit Kleister.

Schwimmkerze

B19

Material
Kerzenreste
Dochtschnur
Reissnägel

Werkzeug
Kochplatte & -topf
Blechdosen
Schaschlikspiess (Rühren)
Giessformen

Arbeitsablauf

Dochte selber herstellen:
Ziehe die Dochtschnur (ca. 10 cm) durch einen Reissnagel und mache am Ende einen Knoten (die Zacken des Reissnagels zeigen nach oben).

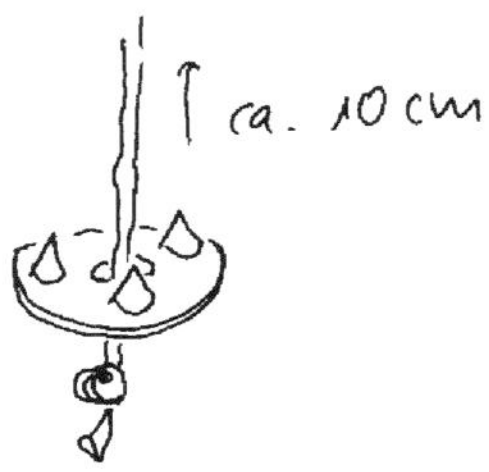

1.

Herstellung der Schwimmkerzen:
1. Fülle zwei Dosen mit Wachsresten, stelle sie in den Kochtopf voller Wasser und lass das Wasser so lange kochen, bis das Wachs geschmolzen ist. Rühre gelegentlich mit dem Schaschlikspiess um.

2.

2. Giess das flüssige Wachs in die ausgewählten Formen.

3. Lass das Wachs leicht abkühlen (es bildet sich eine matte Oberfläche, „Haut“).

4. Setze nun den Docht möglichst senkrecht ein. Nimm notfalls den Spiess zu Hilfe.

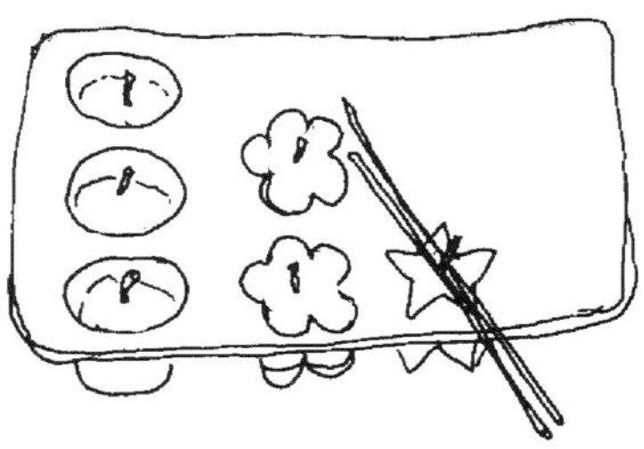

5.

5. Halte den Docht so lange senkrecht, bis er von alleine steht. Du kannst den Docht auch zwischen 2 Schaschlikspiessen einklemmen.

Abschluss: Wenn das Wachs erkaltet und erhärtet ist, kannst du deine Kerze aus der Form lösen.

Bandwindlicht

Material
Bänder (10 x 50 cm)
(einfarbig, transparent)
Goldsterne & -fäden
Dekomaterial
Alleskleber oder doppelseitiges Klebeband
kleines Glas

Werkzeug
Schere

Arbeitsablauf

1.

1. Bestreiche das Glas mit Alleskleber oder beklebe den oberen und unteren Rand mit doppelseitigem Klebeband.

2.
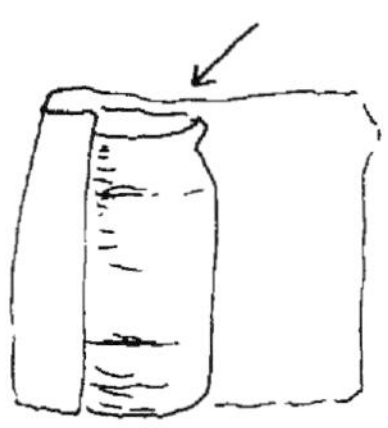

2. Umwickle das Glas mit dem Band (mind. 1x). Je schwächer das Licht werden soll, umso öfter musst du das Glas umwickeln.

3. Dekoriere dein Licht mit Sternen, Goldfäden etc.

3.

Achtung: Das Band muss etwas über dem oberen Rand stehen, darf aber nicht ins Glas hineinhängen – Brandgefahr!

Dosenkerze

Material
flache Blechdosen
(Thunfisch/Leberwurst)
Geschenkband & Reissnägel
Kerzenreste & Dochtschnur
Alleskleber oder doppelseitiges
Klebeband

Werkzeug
Kochplatte & -topf
Blechdosen
Schaschlikspiess (Rühren)

Arbeitsablauf

Dochte selber herstellen:
Ziehe die Dochtschnur (ca. 10 cm) durch den Reissnagel und mache am Ende einen Knoten (die Zacken des Reissnagels zeigen nach oben).

Kerze herstellen:

1. Fülle zwei Dosen mit Wachsresten, stelle sie in einen mit Wasser gefüllten Kochtopf und lasse das Wasser so lange kochen, bis das Wachs geschmolzen ist. Rühre gelegentlich mit dem Schaschlikspiess um.

2. Giesse das flüssige Wachs in die flache Blechdose.

3. Lasse das Wachs leicht abkühlen (es bildet sich eine matte Oberfläche, <Haut>).

4. Setze nun den Docht möglichst senkrecht ein. Nimm notfalls den Spiess zu Hilfe.

5. Halte den Docht so lange senkrecht, bis er von alleine steht. Du kannst den Docht auch zwischen 2 Schaschlikspiessen einklemmen.

Abschluss: Verziere die Dosenaussenseite, indem du ausgewählte Geschenkbänder aufklebst.

Metallfolienlaterne

B22

Material
Metallfolie (22 x 40 cm)
(aussen dunkel / innen hell)
2 Rundkopfklammern
Büroklammern
Tablett & Kerze

Werkzeug
dicker Nagel, Hammer
kleine Schere
Holzbrett (30 x 50 cm)
Pinnwandstecknadel (grosser Kopf)

Arbeitsablauf

1. 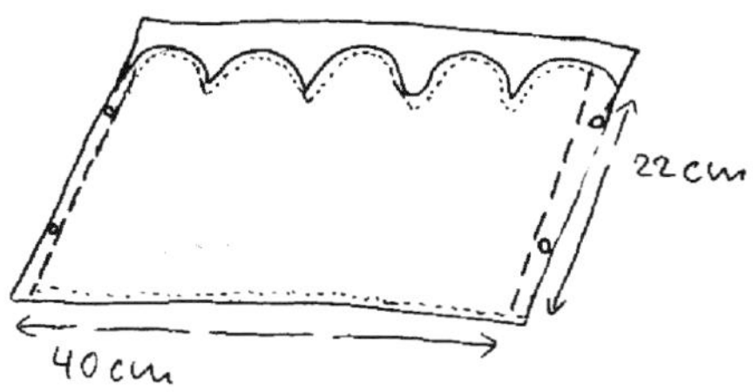

2. 

3. 

5. 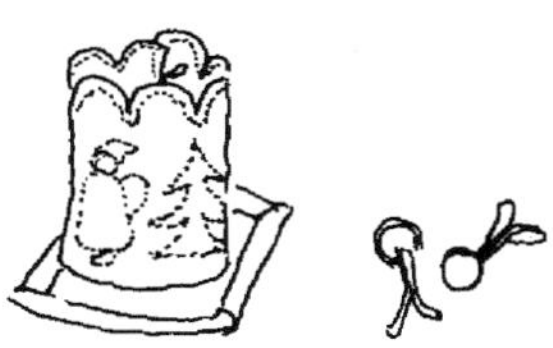

1. Benutze die Schablone als Vorlage oder arbeite nach einem freien Muster.

2. Befestige die Schablone auf allen Seiten mit Büroklammern auf der Metallfolie und lege diese auf das Holzbrett.

3. Perforiere jeden einzelnen Punkt der Vorlage so, dass die Metallfolie sauber durchstochen ist. Am einfachsten geht das mit der Pinnwandstecknadel. Für die grösseren Löcher nimmst du den Nagel.

4. Die Rundbögen am oberen Rand schneidest du mit einer kleinen Schere aus.

5. Durch die auf der Schablone gekennzeichneten Löcher steckst du die Rundkopfklammern und verbindest so beide Enden der Metallfolie zu einer Laterne.

Abschluss: Stelle ein kleines Tablett mit einer Kerze drauf unter die Laterne und dein Metallfolienlicht ist fertig.

Windlicht aus Holz

Material
Sperrholz (4 mm)
Acrylfarben & -lack
Glitterfensterfarbe
Teelicht
Transparentfolie (0,4 mm)
3 Nieten
Weissleim
Malutensilien

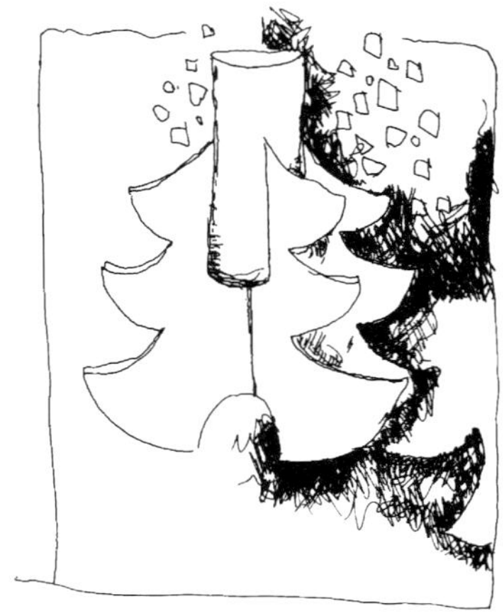

Werkzeug
Laubsäge & Zubehör
Schleifpapier (80/100/150)

Arbeitsablauf

1. Entwirf deinen Ständer. Zeichne anhand der Vorlage an den gestrichelten Linien eigene Formen.

2. Schneide Muster 1 und 2 aus und übertrage sie mit Bleistift auf das Sperrholz.

3. Säge die Teile aus und schleife sie sorgfältig. Schleife bei den Einschnitten nur so viel, dass die Teile zusammengesteckt werden können.

4. Bestreiche die Einschnitte mit Weissleim, stecke die Teile zusammen und entferne überflüssigen Leim.

5. Bemale und lackiere den Holzständer.

6. Zeichne einen Kreis (r = 1/2 Innenlänge) für den Boden in der Mitte, übertrage ihn auf das Sperrholz, säge ihn aus, schleife ihn und male ihn an.

7. Schneide die Folie zu (Umfang des Mittelbodens + 2 cm) und bemale sie mit Fensterfarben.

8. Rolle die Folie zu einem Zylinder und halte ihn mit den 3 Nieten zusammen.

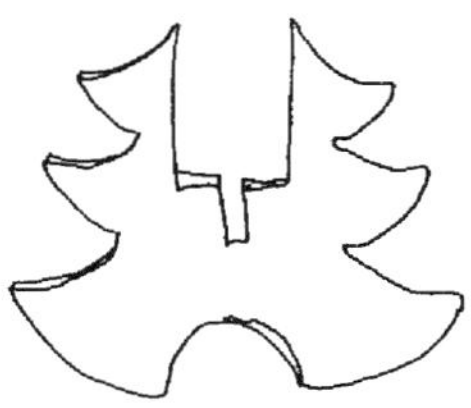

Muster 1

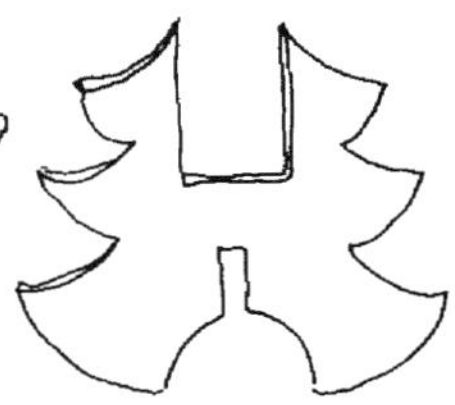

Muster 2

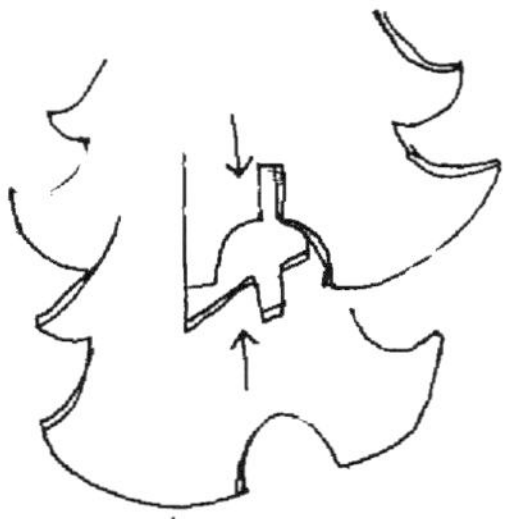

Muster 2

Muster 1

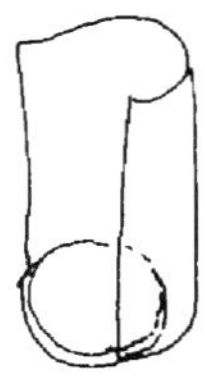

7.

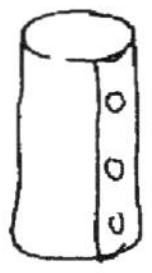

8

Tipp: Die Höhe des Fusses kannst du ebenfalls verändern. Aber du musst auf eine genügend grosse Standfläche achten, um die Kippgefahr zu vermindern.

Windlicht aus Transparentpapier

Material
Kopierpapier (A3)
Wasserfarben
Mandelöl
Teelicht & Teelichthalter (Glas)

Werkzeug
evtl. Falzbein
Lineal & Cutter
Schere & Pinsel

Arbeitsablauf

1. Schneide aus dem Kopierpapier ein Quadrat.

2. Bemale es mit Wasserfarben, lass es trocknen und bestreiche es anschliessend mit Mandelöl.

3. Falte das Quadrat diagonal (jeweils die gegenüberliegenden Ecken) aufeinander. Die schöne Seite ist innen. Öffne das Blatt wieder und streiche es glatt.

4. a) Kehre das Quadrat (schöne Seite unten) und falte es in beiden Richtungen zur Hälfte.
   b) Lass es nach dem zweiten Falten gefaltet.

5. a) Fasse das Blatt an den Ecken der offenen Seiten und führe die beiden Ecken zueinander. Dabei öffnet sich die Mitte. Es entsteht ein vierseitiger Stern.
   b) Streiche jeweils zwei Zacken übereinander glatt.

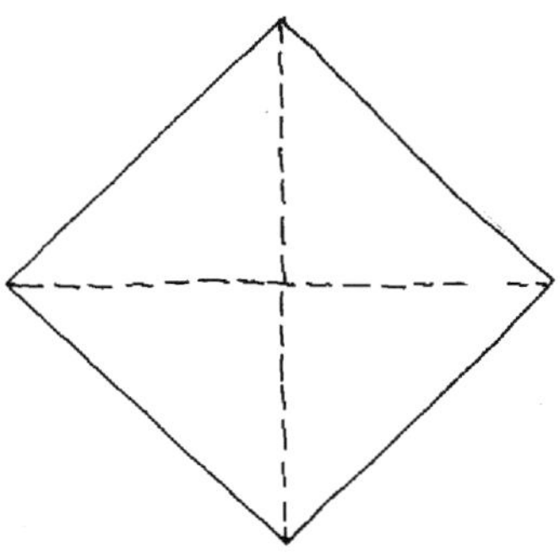

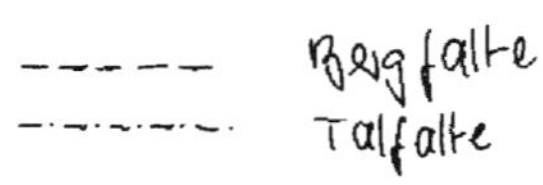

4.a

4.b
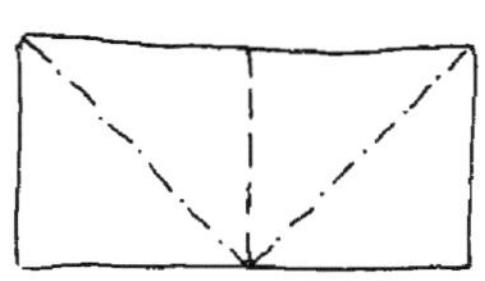

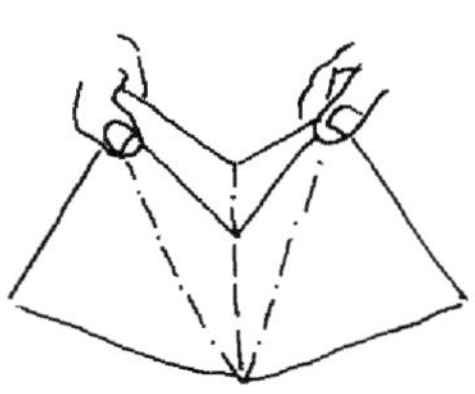
5.a

5.b
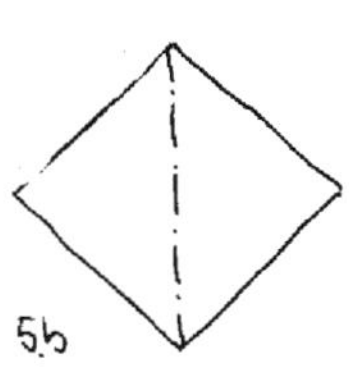

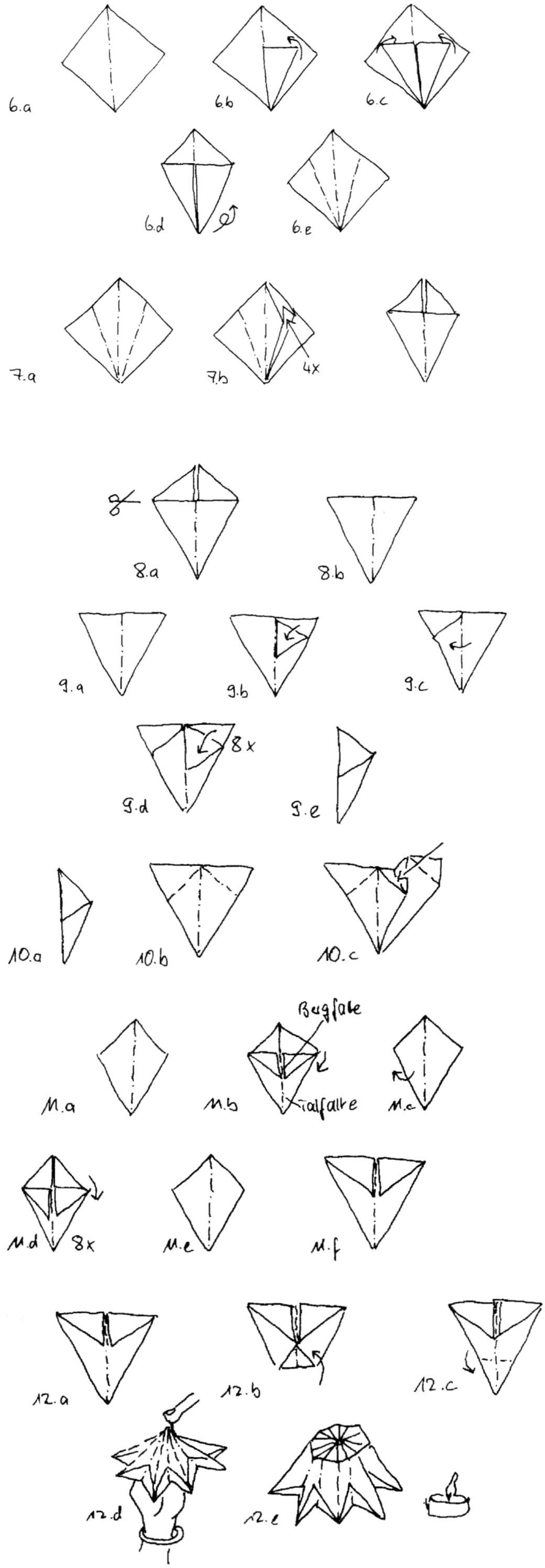

6. a) gleich 5. b)
   b) und c) Falte nun die geschlossenen Kanten einzeln zur Mitte, jeweils zwei zueinander.
   d) Drehe das Blatt und falte die anderen zwei geschlossenen Seiten zur Mitte.
   e) Öffne alle vier Seiten wieder.

7. a) gleich 6 e)
   b) Fasse in jede Sternspitze hinein, richte sie auf und falte sie entlang der Faltlinien von 6.
   Lege auf jede Seite 4 Zacken.

8. Schneide mit Schere oder Cutter die obere Spitze ab.

9. a) gleich 8. b)
   b) bis e) Falte jetzt jeden Zacken zur Mittellinie, alle in die gleiche Richtung.

10. a) gleich 9. e)
    b) Öffne sie wieder. Auf jeder Seite liegen wieder 4 Zacken.
    c) Wiederhole jetzt den Vorgang von 7. mit den Faltlinien von 9.

11. a) So liegt das Faltblatt jetzt vor dir.
    b)Falte jede obere Spitze nach unten.
    c) bis f) Klappe Spitz für Spitz um und wiederhole den Vorgang von b)

12. a) gleich 11. f)
    b) Falte den unteren Spitz nach oben.
    c) Klappe den unteren Spitz wieder nach unten.
    d) bis e) Öffne den Stern und drücke den unteren Spitz nach innen.
    Dabei öffnet sich der Stern und dein Windlicht ist fertig.
    Stelle vorsichtig das brennende Teelicht im Glas in den Stern.

ENGEL

Rudolf Otto Wiemer

Engel

Es müssen nicht Männer mit Flügeln sein,
die Engel.
Sie gehen leise, sie müssen nicht schrein,
oft sind sie alt und hässlich und klein,
die Engel.

Sie haben kein Schwert, kein weisses Gewand,
die Engel.
Vielleicht ist einer, der gibt dir die Hand,
oder er wohnt neben dir, Wand an Wand,
der Engel.

Dem Hungernden hat er das Brot gebracht,
der Engel.
Dem Kranken hat er das Bett gemacht,
er hört, wenn du ihn rufst in der Nacht,
der Engel.

Er steht im Weg und er sagt: Nein,
der Engel,
gross wie ein Pfahl und hart wie ein Stein –
es müssen nicht Männer mit Flügeln sein,
die Engel.

Engel sind in verschiedenen Religionen Vermittler zwischen Gott und den Menschen. Das griechische Wort <angelos> bedeutet <Bote>.

Engel spielen in der Weihnachtsgeschichte eine grosse Rolle. Ein Engel erscheint Maria und kündigt ihr an, dass sie ein Kind bekommen wird. Ein Engel fordert Joseph auf, bei Maria zu bleiben. Ein Engel verkündet den Hirten die Geburt des Retters. Ein Engel warnt die Weisen, nicht mehr zu Herodes zurückzukehren. Von einem Engel erhält Joseph den Auftrag, mit Maria und dem Kind nach Ägypten zu fliehen.

Viele Bilder zeigen weihnachtliche Szenen mit Engeln: Engel über dem Hirtenfeld, bei der Krippe, als Begleiter und Beschützer der jungen Familie.
Wir sehen sie als weisse Gestalten mit Flügeln. Von Kind an haben viele es als tröstlich empfunden, dass sie einen Schutzengel haben, der für sie da ist.

Was bedeuten diese Boten Gottes für uns? In den biblischen Geschichten verkünden sie etwas Bedeutsames, sie begleiten, schützen, tragen Sorge, fordern auf, warnen.
Auch wir können Engel sein – in der Weise, wie von jemandem gesagt wird: Er war ein Engel –, Menschen, die das Beste für andere wollen; die neue Möglichkeiten zeigen; die fordern, wenn andere dazu neigen aufzugeben; die den Kraft- und Mutlosen unter die Arme greifen.
Wir alle können Engel sein – in dem Moment, da uns andere genauso wichtig sind wie wir uns selbst.

Dieses Kapitel will den Begriff <Engel> aus seinem Klischee lösen, ihn aber auf keinen Fall entmystifizieren. Engelhaft sein bedeutet gut sein, einfühlend, vorausschauend und fürsorglich. In jedem Kind und jedem Erwachsenen steckt ein Engel, bei manchen allerdings tief verborgen.

Inhalte der Arbeitsblätter <Engel>

T7/A33 Biblische Bedeutung der Engel (O - EA)
A34 Jeder kann ein Engel sein (M/O - EA/GA)
A35 Das Wort Engel im täglichen Gebrauch (M - EA)
A36 Was ist ein Erzengel? (O - GA)
A37 Engelsgeschichten zu vorgegebenen Titeln (U - EA)
A38 Warum heisst eine Popgruppe <No Angels>? (O - EA/PA)
T8/A39 Eine Legende (M/O - EA)
G8 Ein Gedicht bildhaft umsetzen (M - EA)
G9 Ein Gedicht vertonen (U - EA)
G10 Ein Gedicht spielen (M/O - EA)
A40 Eine Geschichte passend zum Bild (M - EA)
L4 Liedersammlung Engel

Dazu diverse Bastelarbeiten.

Lösungen zum Kapitel <Engel>

A33 Die Götterboten

Auftrag 2

Engel sind Himmelsboten. Das Wort <Engel> kommt aus dem Griechischen und bedeutet <Bote>. Sie bringen die Botschaften Gottes zu den Menschen. Da nur die Worte Gottes wichtig sind, ist über die Gestalt der Engel wenig bekannt.

A34 Einmal für andere Engel sein

Auftrag 1

1. Ein Engel verkündet Maria, dass sie ein Kind bekommen wird.
2. Ein Engel fordert Joseph auf, bei Maria zu bleiben.
3. Ein Engel verkündet den Hirten die Geburt des Retters.
4. Ein Engel mahnt die drei Weisen, nicht zu Herodes zurückzugehen.
5. Ein Engel fordert Joseph und Maria auf, nach Ägypten zu fliehen.

A36 Erzengel Gabriel

Auftrag 2

Gabriel sitzt zur Linken Gottes. Er erklärt den Menschen Visionen und Weissagungen. Er ist der Verkünder der Ratschläge Gottes.

Auftrag 3

Erzengel sind die einzigen Engel in der Bibel, die namentlich genannt werden und eine genaue Aufgabe haben. Gabriel ist der Verkünder von Gottes Worten.

A35 Redewendungen 1

Auftrag 1

Wenn Engel reisen ... verläuft alles nach Wunsch.
In jedem Bengel steckt ein Engel ... Jeder Mensch hat gute Eigenschaften.
Sie reden mit Engelszungen ... Sie sprechen betont lieblich und überzeugend.
Die Engel backen Brot ... Wir haben einen wunderschönen glutroten Sonnenaufgang.
Mein kleiner Engel ... Du bist für mich lieb und unschuldig.
Ihrem Engelsgesicht muss man einfach glauben ... Sie sieht so ehrlich und unschuldig aus.
Da war dir dein Schutzengel wieder hold ... Da hast du mal wieder Glück gehabt.
Sie hört zu mit Engelsgeduld ... Sie bleibt immer ruhig und freundlich.

Auftrag 2

positiv – gut – lieblich, überzeugend – schön – lieb, unschuldig – ehrlich, unschuldig – Glück bringend, schützend – ruhig, freundlich.

Auftrag 4

Engel und Bengel. Es heisst: In jedem Bengel steckt ein Engel.

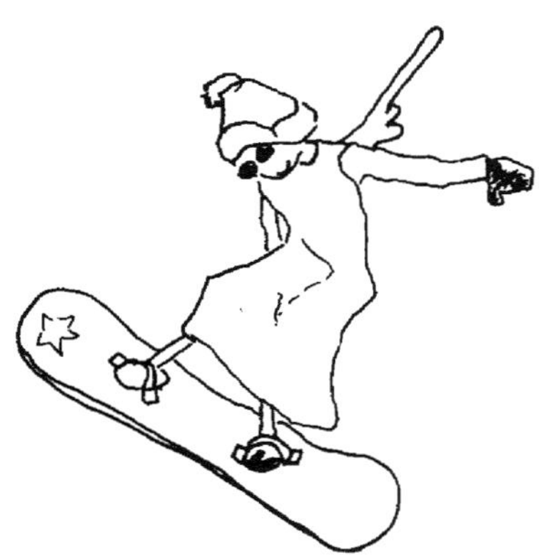

A39 Raphael

Auftrag 3

Raphael bedeutet <Gott heilt>. Seine Aufgabe bestand darin, die Seelen der Menschen zu heilen.

Die Götterboten

Material T7, Schreib- und Malzeug, AWHeft, vorhandenes Bild- und Lesematerial, Bibel

Aufträge

1. Jeder sieht ein Bild vor seinem geistigen Auge, wenn er das Wort <Engel> hört. Aber was sind Engel nun wirklich? Wo kommt der Begriff her und was bedeutete er ursprünglich? Notiere deine Vermutungen ins AWHeft.

2. Lies nun T7, eine Zusammenfassung aus dem Bibellexikon. Vergleiche die Erörterungen mit deinen Vermutungen. Streiche Falsches und ergänze Fehlendes.

* Lies einige erwähnte Bibelstellen nach und diskutiere sie mit anderen. Kommt ihr zu dem gleichen Schluss wie das Bibellexikon?

Einmal für andere Engel sein

Material Schreibzeug, die Weihnachtsgeschichte (T2), A6-Karten, T7

Aufträge

1. Fünfmal tauchen Engel in der Weihnachtsgeschichte (T2) auf. Erzähle die einzelnen Situationen. Welche Aufgabe haben die Engel jeweils? Schreibe zu jeder Situation ein möglichst passendes **Verb** auf eine Karte.

2. Hat schon einmal jemand zu dir gesagt: „Da hattest du aber einen Schutzengel"? In was für einer Situation warst du da? Was hat der Schutzengel <gemacht>? Schreibe einen kurzen **Satz** als Antwort auf eine Karte. Vergleiche mit T7.

3. Wie kannst du für andere Menschen ein Engel sein? Lies die Verben auf deinen Karten, dann schau deine Antwortsätze noch einmal an und überlege, welche Möglichkeiten sich jedem täglich bieten. Schreibe fünf Möglichkeiten auf weitere Karten (pro Karte eine Möglichkeit).

4. Setzt euch in den Kreis, breitet eure Karten mit den Möglichkeiten in der Mitte aus und diskutiert sie. Probiert es aus. Engel sein ist schön.

Engel

Engel sind himmlische Wesen, die Gott preisen und ihm dienen.
Das Wort <Engel> stammt aus dem Griechischen (angelos) und bedeutet <Boten>. Engel handeln als himmlische Boten im Auftrag und in Stellvertretung Gottes. Sie waren bereits Zeugen der Schöpfung, sind aber <Gottes Söhne>, <Helden> und <Heilige>, Geschöpfe Gottes und nicht ohne Fehler.
Bei seinen Botendiensten tritt der Engel gegenüber dem Inhalt der Botschaft ganz zurück. Aus diesem Grund ist auch kaum eine Beschreibung der göttlichen Boten in der Bibel zu finden - wichtiger ist ihr Auftrag. Engel haben verschiedene Aufgaben:

- Vollstrecker des göttlichen Gerichts:
  <Unheilsengel> (Ps. 78,49)
  <Würgeengel> (2. Mose 12,23)
  <Todesengel> (Hiob 33,23)
- Schutzengel:
  <Erzengel Michael>
- Offenbarer von Gottes Heil:
  <Erzengel Gabriel>

Nach der misslungenen Versuchung durch den Satan dienen die Engel Jesus und sind in allen wichtigen Situationen seines Lebens gegenwärtig.

Drei Engel werden in der Bibel namentlich genannt: *Michael*, der Erzengel und Bezwinger des Drachen, *Gabriel*, der Vorbote der Geburt Jesu, und *Raphael*, im apokryptischen Buch Tobias der Begleiter des Tobias.
Daneben gibt es Cherubinen und Serafinen, die den Herrn (Zebaoth) preisen. Die Engel insgesamt werden auch als <himmlische Heerscharen> bezeichnet.

Ihr Erscheinungsbild ist unterschiedlich. Z.T. erscheinen sie in menschlicher Gestalt, ihr Auftreten kann aber auch so furchterregend sein, dass sie ihre Botschaft mit den Worten „Fürchtet euch nicht“ einleiten müssen.

Es gibt <gute> und <böse> Engel. Die bösen Engel haben ihren Platz bei Gott verlassen, sind von ihm abgefallen. Wegen ihres Hochmuts oder des Versuchs, selbst an die Stelle Gottes zu treten, wurden sie aus dem Himmel ausgeschlossen und in die Finsternis verbannt. Der Satan ist einer dieser verbannten Engel und Widersacher Gottes im Kampf um die Menschen.

Engel sind in verschiedenen Religionen Vermittler zwischen Gott und den Menschen.

Redewendungen

Material Schreib- und Malzeug, AWHeft

Aufträge

1. Jeder Engel hält ein Plakat mit einer Redewendung. Darüber schweben Wolken mit den Erklärungen. Verbinde jedes Plakat mit der entsprechenden Wolke.

2. Welche Charaktereigenschaften eines Engels verbergen sich in den Redewendungen? Zähle sie auf:

____

____

3. Wie stellst du dir einen Engel vor? Schreibe und zeichne ins AWHeft.

4. Ein Engel hat zwei Wörter auf seinem Plakat vertauscht. Welche? _______________

Erzengel Gabriel

Material Bibel, Schreibzeug, Textmarker, AWHeft

Aufträge
1. Lest den Auszug aus dem Bibellexikon und markiert die erwähnten Bibelstellen.

2. Sucht jede/r eine oder mehrere der genannten Bibelstellen heraus und lest sie vor. Notiert in wenigen kurzen Sätzen die Aufgaben und Botschaften des Engels Gabriel.

3. Gabriel ist ein Erzengel. Was bedeutet das? Könnt ihr mit Hilfe eurer Aufzeichnungen eine Antwort finden?

Gabriel („Gott ist stark")

Gabriel ist ein Engel, der in Menschengestalt zu Daniel kam, um eine Vision (Dan. 8,15 ff.) und eine Weissagung zu erklären (Dan. 9,20 ff.).
Gabriel erscheint mehrmals in den Pseudoepigraphen, wo er eines der mächtigsten der erschaffenen Wesen ist und zur linken Hand Gottes sitzt (2. Henoch 24,1).
Im Lukasevangelium fungiert Gabriel als der, „der vor Gott steht" (Lk. 1,19), als Verkünder des Ratschlages Gottes. Er war es auch, der die Geburt von Johannes dem Täufer (Lk. 1,11ff) und von Jesus (Lk. 1,26 ff.) ankündigte.

Gabriel erscheint der jungen Maria aus Nazareth und verkündet ihr einen Sohn: „Gott der Herr wird ihm den Thron seines Vaters David geben, und er wird König sein über das Haus Jakob in Ewigkeit, und seines Königtums wird kein Ende sein."

Gabriel erscheint den Hirten und kündigt ihnen Christus, den Gesalbten, an: „Fürchtet euch nicht, denn siehe, ich verkünde euch grosse Freude, die allem Volke widerfahren wird; denn euch ist heute der Heiland geboren, welcher der Christus ist, der Herr in der Stadt Davids."

Engelsgeschichten

Material Schreibzeug, AWHeft

Aufträge
1. Wähle einen Titel aus.
2. Erfinde eine Geschichte dazu.
3. Schreibe deine Geschichte ins AWHeft.
4. Verziere die Seite zur Geschichte passend.

a) Fliegende Pantoffeln
b) Der verlorene Flügel
c) Der erste Flug
d) Freund Schneeflocke

Raphael

Elisabeth Heck

Als Kind wurde er bei seinem Namen genannt: Raphael. Darauf war er stolz. Raphael heisst einer der grossen, starken Engel, so hatte man ihm gesagt.
Die Kleinen bewunderten ihn. Denn er kletterte auf die Bäume, höher als alle, flink und wie beflügelt.
Aber dann blieb er klein, während die anderen grösser wurden. „Ein Zwerg!“, spotteten sie jetzt. Ihre Spiele hatten sich beim Heranwachsen geändert und schlossen ihn aus. Sie träumten von kriegerischen Helden, von Reichtum und Macht.
Dafür brauchten ihn die Hirten: Wenn ein Schaf in der Herde fehlte, riefen sie nach dem <Zwerg>. Das war der neue Name, den sie ihm gaben. Er kletterte Felswände hinunter, kroch durch Dornengesträuch und brachte das gestürzte oder verletzte Schaf zur Herde zurück. Sahen die Hirten nicht seine geschundenen Hände, sein zerkratztes Gesicht?
Mehr und mehr fühlte er sich von ihnen ausgenützt. Wohl wehrte er sich nicht dagegen, aber er diente ihnen mürrisch und freudlos. Seine kleine Gestalt reizte sie zum Spott und an ihren Festen nahm er nicht mehr teil. Ihr Übermut stimmte ihn traurig.
So auch an diesem Abend. Beim Hereinbrechen der Nacht suchte er seine verborgene Schlafstätte auf. Vor einiger Zeit hatte er auf der Suche nach einem verlorenen Schaf hinter Dornengestrüpp eine Höhle entdeckt: sein Geheimnis. Ganz in der Nähe stand ein verkrüppelter Baum. Aus dem knorrigen Stamm wuchsen Zweige - wie ein wirrer Haarschopf. Da hinauf kletterte er an diesem Abend. Für Raphael ein gutes Versteck!
Er sah in der Ferne die Lichter der Stadt, hörte auch den gedämpften Lärm, denn viel fremdes Volk war gekommen. Der Wind bewegte die Zweige. Sie schimmerten auf, als ein grosser Stern am Himmel erschien.
War das noch der Wind, der durch die Zweige sang? Raphael spürte eine neue Freude und begann ein Lied zu summen. Er verstummte, als er nahe Stimmen hörte: „In der Stadt finden wir keinen Platz für uns und das Kind, das bald zur Welt kommen wird. Vielleicht wissen die Hirten Rat.“
„Ich habe einen Engel singen hören.“ Das war die Stimme einer Frau.
Und jetzt wieder die des Mannes: „Du meinst den Wind. Lass uns weitergehen, um endlich ein Obdach zu finden.“ Der Mann hatte sich schon einige Schritte entfernt. Aber die Frau stand immer noch unter dem Baum und lauschte. Da wusste Raphael nicht, wie ihm geschah: Er vergass sich und sang, musste singen.
Der Mann kam zurück. „Hörst du ihn jetzt auch, den Engel?“, fragte die Frau. Und der Mann nickte.
Da kletterte Raphael vom Baum, kroch unter das Gestrüpp, winkte und verschwand. Der Mann legte sich flach auf den Boden. Dann sprang er hoch und bog die Dornen zur Seite. In der Höhle wartete Raphael auf sie. „Unser Engel“, sagte die Frau.
Glücklich, dass er die Höhle schon vorher notdürftig eingerichtet hatte, bereitete Raphael der Frau ein Lager. Dabei dachte er an das kleine Kind, das zur Welt kommen wollte. Und die Freude in ihm wurde gross und grösser ...

EA/
PA

No Angels

Material Jugendmagazine, Schreib- und Bastelzeug, AWHeft

Aufträge
1. Kennst du die Gruppe <No Angels>? Dann weisst du, dass der Name <keine Engel> bedeutet. Finde heraus, warum die Mädchen diesen Namen gewählt oder bekommen haben. Notiere vorerst Vermutungen in dein AWHeft.
2. Lege nun auf deinem Blatt eine Tabelle mit drei Spalten an:

Engel	neutral	kein Engel

   Ordne dem Engel möglichst viele Eigenschaften zu, trage bei <kein Engel> das Gegenteil ein und in der Mitte, wenn möglich, einen wertfreien Begriff.
3. Übermale alle Eigenschaften, die auf dich persönlich zutreffen. Bedenke, die meisten Engel sind männlich, also können Knaben wie Mädchen diese Aufgabe erfüllen.
4. Nimm eine andere Farbe und übermale alle Eigenschaften, die Popstars haben können.
5. Vergleiche nun dein Resultat mit Berichten über die <No Angels>. Was stellst du fest?
6. Kannst du jetzt erklären, warum die fünf Mädchen <keine Engel> sein wollen?

Eva Maria, 15

Raphael

Material T8, Schreib- und Malzeug, AWHeft, vorhandenes Bild- und Lesematerial

Aufträge
1. Lies T8 sorgfältig durch. Finde möglichst viele Adjektive, die die Geschichte und deine Gefühle beschreiben, die du beim Lesen hattest; z.B. traurig, frustriert, wütend, verzaubert ...

2. Hast du oder hat eine dir bekannte Person schon einmal etwas Ähnliches erlebt wie Raphael mit den Hirten? Könnte die Geschichte auch in der heutigen Zeit spielen? Schreibe die Geschichte um für das 21. Jahrhundert.

3. Raphael (<Gott heilt>) gehört zu den Erzengeln. Vergleiche seine Bedeutung und Aufgabe in der Bibel mit der in der Geschichte.

Die lustige Weihnacht

Material Schreib- und Malzeug, Schere, Leim, AWHeft

Aufträge
1. Lies das Gedicht laut und stell dir vor, was darin alles beschrieben wird.

2. Male ein Bild, in dem alle Strophen vorkommen, so wie du sie dir vorstellst.

3. Schneide das Gedicht aus und klebe es in dein Bild, so dass es nicht stört, sondern ein Teil des Bildes wird.

James Krüss
Die lustige Weihnacht

Heute tanzen alle Sterne,
und der Mond ist blank geputzt.
Petrus in der Himmelsferne
hat sich seinen Bart gestutzt.

Überall erklingt Geläute,
fröhlich schmückt sich Gross und Klein,
und die Heiligen tragen heute
ihren Sonntags-Heiligenschein.

Es ertönen tausend Flöten,
tausend Kerzen geben Glanz.
Und die würdigen Kometen
wedeln lustig mit dem Schwanz.

Hinterm Zaun im Paradiese,
gar nicht weit vom Himmelstor,
musiziert auf einer Wiese
auch der Engelskinderchor.

Ihre roten Tröpfelnasen
putzen sich die Kleinen schnell
und dann singen sie und blasen
auf Fanfaren silberhell.

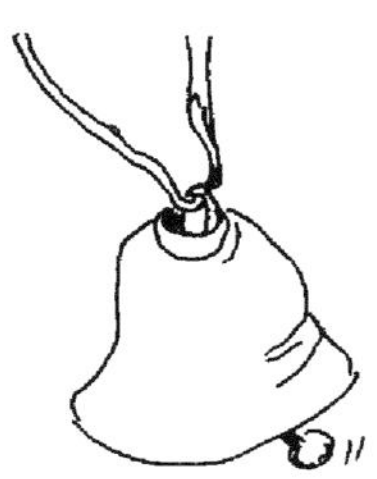

Jedes Jahr um diese Stunde
singen sie nach altem Brauch.
Alle Sterne in der Runde
lauschen – und die Menschen auch.

Manchmal aber, leise, leise,
wird der Chor der Engel stumm,
und im ganzen Sonnenkreise
geht ein sanftes Flüstern um.

Dann erscheinen sieben Schimmel,
zärtlich ruft es: „Hüh und hott!“
Und gemächlich durch den Himmel
fährt daher der liebe Gott.

Da verstummen alle Lieder,
und die Engel machen fix
mit gefaltetem Gefieder
vor dem Herrgott einen Knicks.

Alle goldnen Sternenherden
drehn sich still dazu im Tanz.
Und im Himmel wie auf Erden
leuchtet Weihnachtskerzenglanz.

Hilijaa (ein finnisches Gedicht)

Material Verschiedene Instrumente und klingende Gegenstände, Tücher

Aufträge

1. In Finnland ist es um die Weihnachtszeit fast den ganzen Tag dunkel. Meistens ist das Land mit einer hohen Schneeschicht bedeckt. Im Schnee klingt alles gedämpft, als wären die Töne in Tücher verpackt.
   Nehmt jedes ein Tuch und hüllt darin Instrumente oder tönende Gegenstände ein. Hört ihr den Schnee?

2. Lest nun das finnische Gedicht. Auch hier geht es um Töne, fröhliche Töne. Manche sind weit weg, manche sehr hoch, aber alle gedämpft.
   Sucht die passenden Gegenstände und Instrumente, um die richtigen Töne zum Gedicht zu erzeugen. Was richtig ist, entscheidet ihr.

Vom Christkind

Material Ein kleiner Spiegel

Aufträge

1. Stell einen Spiegel vor dich hin und lies das Gedicht vom Christkind laut. Achte dabei auf deinen Gesichtsausdruck, er soll zu jeder Zeile passen.

2. Lies es mehrmals, schaue immer länger in den Spiegel und wiederhole jede Zeile, bis du sie auswendig kannst.

3. Trage das Gedicht den anderen vor. Denk immer an dein Gesicht im Spiegel. Du wirst sehen, die anderen werden begeistert sein.

Anna Ritter

Vom Christkind

Denkt euch,
ich habe das Christkind gesehn!
Es kam aus dem Walde,
das Mützchen voll Schnee,
mit rotgefrorenem Näschen.
Die kleinen Hände taten ihm weh;
denn es trug einen Sack,
der war gar schwer,
schleppte und polterte hinter ihm her.
Was drin war, möchtet ihr wissen?
Ihr Naseweis, ihr Schelmenpack,
meint ihr, er wäre offen, der Sack?
Zugebunden bis oben hin!
Doch war gewiss was Schönes drin;
es roch so nach Äpfeln und Nüssen.

Das Passfoto

Material Schreibzeug, AWHeft

Aufträge

1. Sieh dir das Bild genau an.

2. Notiere, was dir dazu einfällt.

3. Schreibe eine Geschichte.

Salzteig-Engel

Material
Salz, Mehl & Wasser
Acrylfarben
Dekomaterial
Heissleim
Aluminiumfolie

Werkzeug
Backofen
Löffel & Wallholz
Knoblauchpresse &
Herzausstechform
Stricknadel & Rüstmesser
Heissleimpistole

Arbeitsablauf

Mische je einen Becher Salz und Mehl, gib löffelweise Wasser hinzu und knete die Masse, bis ein Teig entsteht, der formbar ist und nicht an den Fingern klebt.

1.
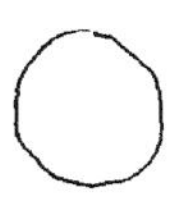

1. Kopf:
Forme eine Teigkugel in den Handinnenflächen.

2.
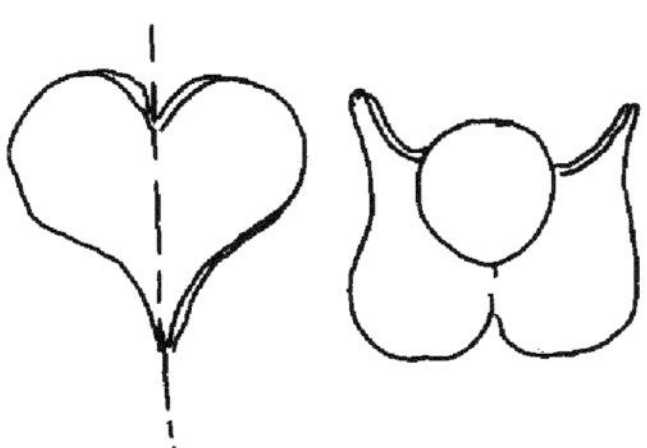

2. Flügel:
Walle ein Teigstück (5 mm dick) aus. Stich ein Herz aus und zerschneide es in der Mitte. Füge beide Rundungen aneinander und drücke sie gut an.

3.
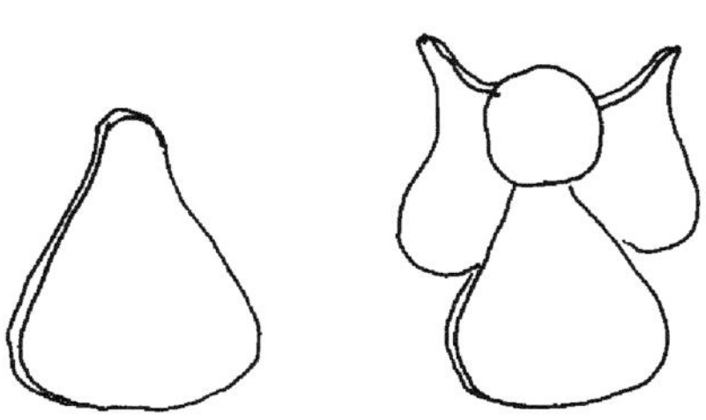

3. Körper:
Forme aus einem Teigstück eine Birne, drücke diese flach, lege den Körper auf die Flügel und drücke ihn ebenfalls gut an.

4. Kleid:
Forme eine zweite Birne und drücke diese so flach, dass sie kürzer, aber breiter ist als die erste. Forme mit Hilfe eines Pinselstiels oder Bleistifts Falten und lege das Kleid auf den Körper. Drücke wieder gut, aber vorsichtig an.

4.

5. Arme:
Forme aus wenig Teig ein Würstchen, schneide es in der Mitte schräg entzwei und drücke jeweils den schrägen Teil unterhalb des Kopfes an der Kleiderkante fest. Kreuze die Arme über der Brust und kerbe die Hände ein.

5.

6. Kragen:
Forme ein Teigwürstchen, drücke es in der Mitte flach und unterhalb des Kopfes fest.

7. Kraushaar:
Befeuchte den Kopf mit wenig Wasser. Presse etwas Teig durch die Knoblauchpresse und drücke die Haare an den Kopf.

6.+7.

8. Mund:
Forme mit einem Zahnstocher oder einer dicken Nadel einen lachenden oder singenden Mund.

9. Anmalen:
Bemale deinen Engel nach Wunsch mit wasserlöslichen Farben. Goldfarbe benötigt eine weisse Grundierung.

8.+9.

Tipp: Wenn du deinen Engel zuerst weiss grundierst, decken die anderen Farben auch besser.

Kerzenhalter-Engel

Material
Aluminiumdraht (2 mm)
Holzbrett (1 cm)
Reagenzglas (20 cm lang)
Wollreste (Haare & Füsse)
Watte & schmales Band (Haare)
Heissleim
Dekomaterial

Werkzeug
Kombi- & Rundzange
Säge
Heissleimpistole
Schleifpapier (80/100/150)
Bohrer (2 mm)

Arbeitsablauf

1. Übertrage die Schablone auf das Holz und säge den Engel aus.

2. Schleife alle Flächen und runde die Kanten ab.

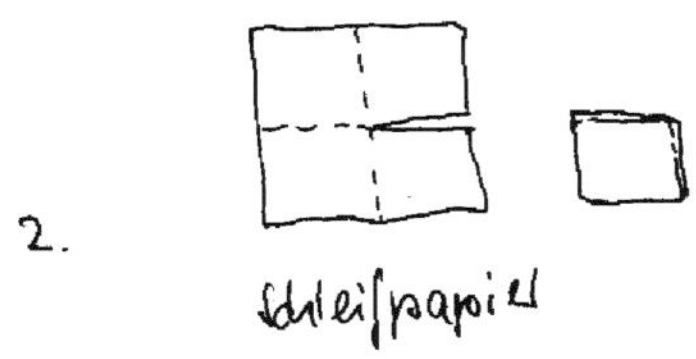

3. Bohre die Armlöcher durchgehend und die Löcher für Flügel und Beine ca. 1 cm tief.

4. Bemale den Körper und verziere das Gewand mit Dekomaterial.

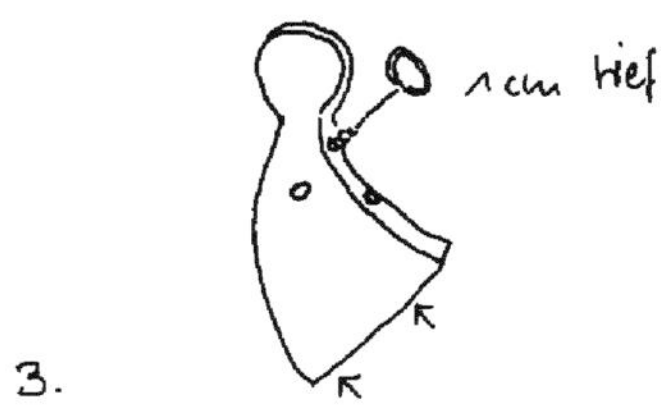

5. Schneide den Draht zu für die Arme (16 cm), Beine (8 cm) und Flügel (je nach Form 20 - 24 cm).

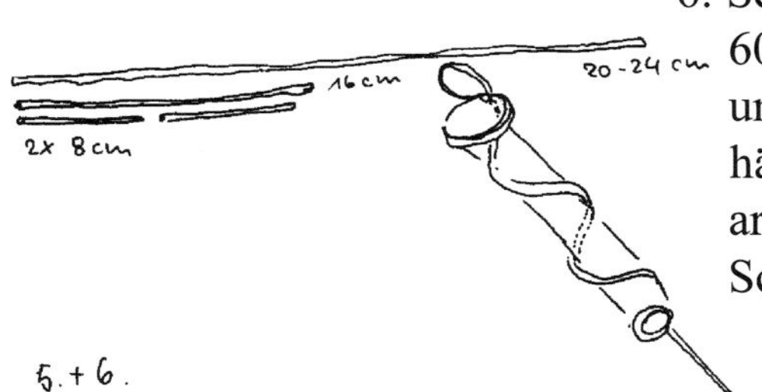

6. Schneide für die Umwicklung des Reagenzglases 60 cm Draht ab. Beginne oben mit dem Wickeln und umrunde das Glas 1 1/2x, forme eine kleine Aufhängeschlinge und wickle anschliessend schlangenartig nach unten ums Glas. Ende mit einer kleinen Schlaufe am Boden des Glases.

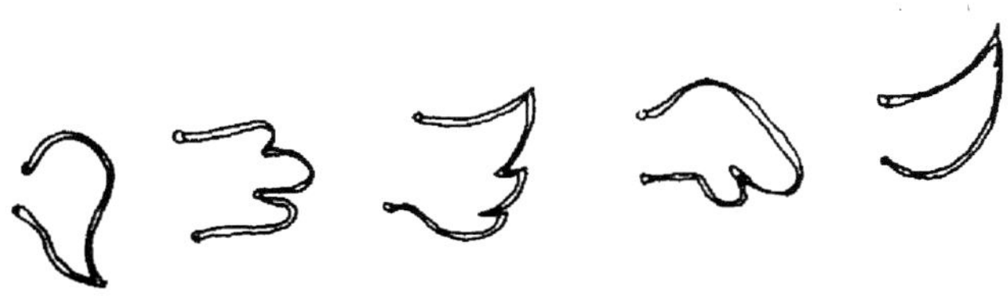

7.

7. Forme die Flügel aus Draht mit Hilfe der Rundzange.

8. Forme jedes Fussende zu einer Schlinge. Wickle wenig Wollreste um die Füsse und fixiere sie mit etwas Heissleim.

8.

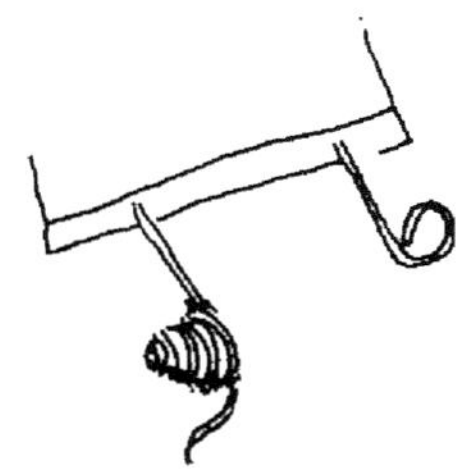

9. Klebe Arme, Beine, Flügel und Haare mit Heissleim an.

10. Verziere die Flügel nach Wunsch mit Draht, Watte, Pailletten etc.

Abschluss: Wickle die Arme straff um das Reagenzglas und forme sie zu einem Knoten. Drücke sie mit der Zange gut an, damit das Drahtende nicht kratzt.

Tipp: Du kannst den Engel auch an einem kleinen Stab mit Sockel anbringen und als Tischdekoration verwenden, dazu die Hände mit Hilfe einer Krokodilsklemme zu Zettel- und Namenhaltern umwandeln.

Country-Engel

Material
Sperrholz (8 mm)
Acrylfarben & -lack
Kupferfolie oder Goldkarton
Transparent- & Kopierpapier
Goldfaden (Aufhänger)
Heissleim & Klebstreifen

Werkzeug
Laubsäge & Zubehör
Schleifpapier (80/100/150)
Holzbohrer
feiner Pinsel & Flächenpinsel
Heissleimpistole
Bleistift

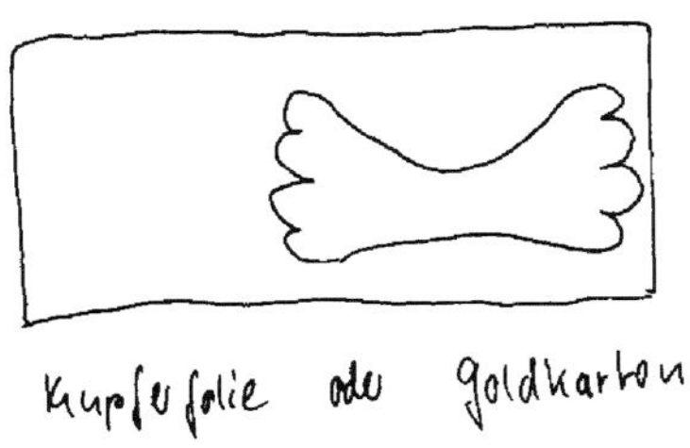

Arbeitsablauf

1. Schneide die Schablonen aus, klebe sie mit Klebstreifen auf das Sperrholz und fahre mit dem Bleistift nach.

2. Säge die Teile aus, schleife sie sorgfältig und bohre an den eingezeichneten Stellen kleine Löcher.

3. Male die Herzen und Sterne zuerst, lass sie trocknen und wische dann leicht mit Gold drüber. Bemale alle Teile nach Wunsch. Für die Wangen musst du die rote Farbe stark mit Wasser verdünnen.

4. Schneide die Flügel aus Kupferfolie oder Goldkarton aus und fixiere sie mit Heissleim am Rücken.

5. Hänge das kleine Herz mit einem Goldfaden um den Hals des Engels.

Abschluss: Dein Engel ist fertig, aber du kannst noch mehr Verzierungen anbringen, wenn du willst.

Engelmobile

Material
Fensterfarben
Transparentfolie (0,4 mm)
(35 x 50 cm)
Nylonfaden
Vorlagen

Werkzeug
Schere
Locher

1.

Arbeitsablauf

1. Lege die Vorlagen unter die Folie und zeichne alle Linien mit der Konturenfarbe nach. Lass die Konturen trocknen.

2. Male die Figuren aus und lasse sie gut trocknen.

3. Schneide die Fensterbilder entlang den Konturen aus.

4. Stanze in die Frisur, in einen Fuss und in die Flügelspitzen des Engels sowie in jeden Stern oben und unten ein Loch. **Achtung:** Die Sterne, die ganz unten hängen, brauchen nur ein Loch!

5. Verbinde beliebig viele Sterne mit dem Nylonfaden zu drei Ketten und befestige sie am Engel (Flügelspitzen und Fuss).

6. Befestige eine Schlinge zum Aufhängen am Kopf des Engels.

Engelblumensticker

Material
Kupferdraht (2 mm)
(Well-)Karton
(Silber, Gold)
Heissleim
Dekomaterial
(Sterne, Glitter ...)

Werkzeug
Heissleimpistole
Cutter oder Schere
Kombizange

Arbeitsablauf

1. Schneide die Schablone aus und übertrage sie 2x auf (Well-)Karton.

2. Schneide den Engel mit dem Cutter oder der Schere aus.

3. Schneide den Kupferdraht mit der Kombizange in die gewünschte Länge zu.

4. Lege beide Engel <Hand an Hand> (spiegelverkehrt) nebeneinander, bestreiche einen Engel in der Mitte mit Heissleim und lege den Draht drauf (auf den ganzen Engel).

5. Bestreiche nun den ganzen Engel mit Heissleim und klappe den anderen Engel obendrauf (<Hand an Hand>).

Achtung: Das Leimen muss schnell gehen, weil Heissleim sehr schnell trocknet.

Abschluss: Verziere deinen Engel nach Wunsch.

Engelanhänger

Material
Wattekugel (2 cm)
Weihnachtsbänder (5 - 7 cm breit)
wasserfeste Filzstifte
Golddraht & Goldfolie
Watte
Nähfaden
Heissleim

Werkzeug
Heissleimpistole
Nähnadel
Schere

Arbeitsablauf

1. Schneide 20 cm vom Weihnachtsband ab.

2. Fädle den Nähfaden doppelt in die Nähnadel ein und nähe mit Vorstichen 2 mm unterhalb der Kante entlang. An beiden Enden müssen 10 cm überstehen.

3. Schiebe das Weihnachtsband zusammen und verknüpfe die Endfäden.

4. Fädle einen neuen Nähfaden doppelt in die Nähnadel ein und verknüpfe es am Ende. Stich durch die Mitte der Wattekugel und knüpfe eine Schlaufe zum Aufhängen.

5. Gib einen Tropfen Heissleim auf den Knoten an der Wattekugel und klebe das Bandröckchen fest.

6. Male deinem Engel ein Gesicht und klebe ihm Haare aus Watte an.

Abschluss: Schneide Flügel aus Goldfolie aus und befestige sie mit Heissleim am Röckchen. Aus Golddraht kannst du ihm noch einen Heiligenschein formen.

Kling, Glöckchen, klingelingeling

Kling, Glöckchen, klingelingeling, kling, Glöckchen, kling.
Lasst mich ein, ihr Kinder, ist so kalt der Winter,
öffnet mir die Türen, lasst mich nicht erfrieren!
Kling, Glöckchen, klingelingeling, kling, Glöckchen, kling.

Kling, Glöckchen, klingelingeling, kling, Glöckchen, kling.
Mädchen hört und Bübchen, macht mir auf das Stübchen!
Bring euch milde Gaben, sollt euch dran erlaben.
Kling, Glöckchen, klingelingeling, kling, Glöckchen, kling.

Kling, Glöckchen, klingelingeling, kling, Glöckchen, kling.
Hell erglühn die Kerzen, öffnet mir die Herzen!
Will drin wohnen fröhlich, frommes Kind, wie selig.
Kling, Glöckchen, klingelingeling, kling, Glöckchen, kling.

Alle Jahre wieder

Alle Jahre wieder kommt das Christuskind
auf die Erde nieder, wo wir Menschen sind.

Kehrt mit seinem Segen ein in jedes Haus,
geht auf allen Wegen mit uns ein und aus.

Geht auch mir zur Seite still und unerkannt,
dass es treu mich leite an der lieben Hand.

Prendre un enfant

Prendre un enfant par la main
pour l'emmener vers demain,
pour lui donner la confiance en son pas,
prendre un enfant pour un roi.
Prendre un enfant dans ses bras
et pour la première fois
sécher ses larmes en étouffant de joie,
prendre un enfant dans ses bras.

Prendre un enfant par le coeur
pour soulager ses malheurs,
tout doucement, sans parler, sans pudeur,
prendre un enfant sur son coeur.
Prendre un enfant dans ses bras,
mais pour la première fois
verser des larmes en étouffant sa joie,
prendre un enfant contre soi.

Prendre un enfant par la main
et lui chanter des refrains,
pour qu'il s'endorme à la tombée du jour,
prendre un enfant par l'amour.
Prendre un enfant comme il vient
et consoler ses chagrins.
Vivre sa vie des années, puis soudain
prendre un enfant par la main
en regardant tout au bout du chemin,
prendre un enfant pour le sien.

Süsser die Glocken nie klingen

Süsser die Glocken nie klingen als zu der Weihnachtszeit,
'ʼs ist, als ob Engelein singen wieder von Frieden und Freud.
Wie sie gesungen in seliger Nacht!
Wie sie gesungen in seliger Nacht!
Glocken mit heiligem Klang klingen die Erde entlang.

O wenn die Glocken erklingen, schnell sie das Christkind hört,
tut sich vom Himmel dann schwingen, eilet hernieder zur Erd.
Segnet den Vater, die Mutter, das Kind!
Segnet den Vater, die Mutter, das Kind!
Glocken mit heiligem Klang klingen die Erde entlang.

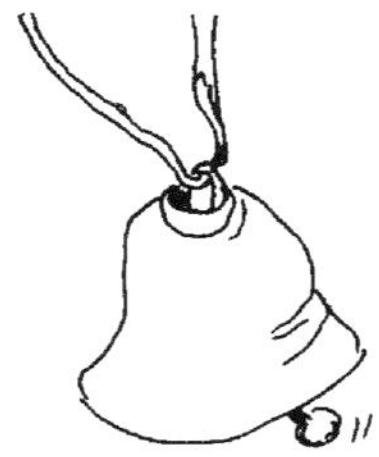

Klinget mit lieblichem Schalle über die Meere noch weit,
dass sich erfreuen doch alle seliger Weihnachtszeit.
Alle aufjauchzen mit einem Gesang!
Alle aufjauchzen mit einem Gesang!
Glocken mit heiligem Klang klingen die Erde entlang.

Guten Abend, gut Nacht

Guten Abend, gut Nacht,
mit Rosen bedacht,
mit Nelklein besteckt,
schlupf unter die Deck.
Morgen früh, wenn Gott will,
wirst du wieder geweckt,
morgen früh, wenn Gott will,
wirst du wieder geweckt.

Guten Abend, gut Nacht,
von Englein bewacht,
die zeigen im Traum,
dir Christkindleins Baum.
Schlaf nur selig und süss,
schau im Traum 's Paradies.
Schlaf nun selig und süss,
schau im Traum 's Paradies.

Martin Luther

Vom Himmel hoch, da komm ich her

Vom Himmel hoch, da komm ich her,
ich bring euch gute, neue Mär;
der guten Mär bring ich so viel,
davon ich sing'n und sagen will.

Es ist der Herr Christ, unser Gott,
der will euch führn aus aller Not;
er will eu'r Heiland selber sein,
von allen Sünden machen rein.

So merket nun das Zeichen recht:
die Krippe, Windelein so schlecht;
darin findt ihr das Kind gelegt,
das alle Welt erhält und trägt.

Euch ist ein Kindlein heut geborn
von einer Jungfrau auserkorn,
ein Kindelein so zart und fein,
das soll eu'r Freud und Wonne sein.

Er bringt euch alle Seligkeit,
die Gott, der Vater, hat bereit',
dass ihr mit uns im Himmelreich
sollt leben nun und ewiglich.

Des lasst uns alle fröhlich sein
und mit den Hirten gehn hinein,
zu sehn, was Gott uns hat beschert,
mit seinem lieben Sohn verehrt.

WEIHNACHTSMANN

Theodor Storm

Knecht Ruprecht

Von drauss vom Walde komm ich her;
ich muss euch sagen, es weihnachtet sehr!
Allüberall auf den Tannenspitzen
sah ich goldene Lichtlein sitzen;
und droben aus dem Himmelstor
sah mit grossen Augen das Christkind hervor.
Und wie ich so strolcht durch den finsteren Tann,
da riefs mich mit heller Stimme an:
„Knecht Ruprecht“, rief es, „alter Gesell,
hebe die Beine und spute dich schnell!
Die Kerzen fangen zu brennen an,
das Himmelstor wird aufgetan:
Alt und Junge sollen nun
von der Jagd des Lebens einmal ruhn.
Und morgen flieg ich hinab zur Erden,
denn es soll wieder Weihnachten werden!“
Ich sprach: „O lieber Herre Christ,
meine Reise fast zu Ende ist.
Ich soll nur noch in diese Stadt,
wos lauter gute Kinder hat.“
„Hast denn das Säcklein auch bei dir?“
Ich sprach: „Das Säcklein, das ist hier.
Denn Äpfel, Nuss und Mandelkern
essen brave Kinder gern.“
„Hast denn die Rute auch bei dir?“
Ich sprach: „Die Rute, die ist hier.
Doch für die Kinder nur, die schlechten,
die trifft sie auf den Teil, den rechten.“
Christkindlein sprach: „So ist es recht,
so geh mit Gott, mein treuer Knecht!“
Von drauss vom Walde komm ich her;
ich muss euch sagen, es weihnachtet sehr!
Nun sprecht, wie ichs hier innen find!
Sinds gute Kind, sinds böse Kind?

Im 19. Jahrhundert löste der Name <Weihnachtsmann> als Bezeichnung des anonymen Gabenbringers zusammen mit dem Christkind, das nicht identisch ist mit Gottes Sohn, sondern das engelshafte <Umzugschristkind> der Heiligen Familie verkörpert, die Figur des Nikolaus als Beschenkender ab.
Der Weihnachtsmann tritt nicht mehr als Bischof von Myra mit Mitra und Stab in Erscheinung, sondern mit Bart, Pelzmütze, Pelzbesatz und Stiefeln; damit ähnelt er eher dem brauchmässigen Nikolausbegleiter Knecht Ruprecht.
In seinem Aussehen entspricht der Weihnachtsmann den Gott-Vater-Vorstellungen kleiner Kinder. Volkskundler sehen hier einen deutlichen Zusammenhang mit der bürgerlichen Erziehung des 19. Jahrhunderts: Angesichts der Erziehungsideale und -ziele wie Artigkeit, kindliches Wohlverhalten, Anpassung an gesellschaftliche und familiäre Autoritätsansprüche passte der Weihnachtsmann zum Leitbild und zur Rollenvorstellung des einerseits liebevollen und andererseits Gehorsam verlangenden Vaters. Den anonymen Gabenträgern Christkind und Weihnachtsmann, deren Heimat nicht ein real existierender Ort, sondern der Himmel oder die Weihnachtswerkstatt ist, und die ja im Auftrag der Eltern fungieren, lässt sich dann auch nur durch Wünsche und Artigsein angemessen danken.
Die Gestalt des Weihnachtsmannes ist im angelsächsischen Bereich mit Santa Claus vergleichbar, in Frankreich entspricht ihr Père Noël und im Osten Väterchen Frost. Die Geltung des Weihnachtsmannes als Autoritätsperson ist allerdings heute im Schwinden. Durch den Einfluss Amerikas hat er eher spassige Züge angenommen.

Unser Kapitel <Weihnachtsmann> beschäftigt sich mit Ursprung, Tradition und Wandel der Figuren des legendären St. Nikolaus aus Myra und des finsteren Knecht Ruprecht. Der Bischof ritt einst auf einem weissen Schimmel gen Westen und kam in der Schweiz auf einem Esel an. Knecht Ruprecht soll ein Köhler gewesen sein, aber alte Quellen halten ihn für Wotan, seine Rute für einen Fruchtbarkeitszweig. Aber wie dem auch sei, gäbe es sie nicht mehr, würde wohl nicht nur den Kindern etwas fehlen.

Inhalte der Arbeitsblätter <Weihnachtsmann>

A41 Die Legende vom Heiligen Nikolaus (M - EA/GA)
A42 Die Legende von Knecht Ruprecht (M - EA)
A43 Die Berufung des Nikolaus (O - EA)
A44 Das heutige Image des Weihnachtsmannes (M/O - GA)
A45 Weihnachtsbrauch der englischsprachigen Länder (M - EA)
A46/T9 Mathematik einmal anders (O - PA)
A47 Eine Anti-Weihnachtsmann-Bewegung (M/O - GA)
A48 Der Polarkreis (U/M - EA)
G11 Fantasien über den Weihnachtsmann (U/M - EA/GA)
A49 Schreibanlässe über den Weihnachtsmann (U/M - EA)
G12 Weihnachtslied für Halbwüchsige (M/O - GA)
A50 Alles über das Rentier (U/M - PA)
A51 Mehr Verständnis für Tiere (U/M - GA)
A52 Agatha Christies Geschichte zu Ende schreiben (M - EA)
G13 Entstehung des Christentums (M/O - EA)
G14 Weihnachten sozialkritisch beleuchtet (O - GA)
Dazu diverse Bastelideen.

Lösungen zum Kapitel <Weihnachtsmann>

A43 Gesucht: Nikolaus

Auftrag 1

Frage 1: Was macht einen guten Nikolaus aus?
Frage 2: Wie sieht ein typischer Arbeitstag von dir aus?
Frage 3: Wie weiss der Nikolaus, wen er besuchen muss?
Frage 4: Führst du noch ein Sündenregister?
Frage 5: Erinnerst du dich noch an ein besonderes Erlebnis?
Frage 6: Haben die Kinder noch Angst vor dir?

Auftrag 2

Berufsanforderung:
Freude an uralten Bräuchen, Freude am Umgang mit Kindern.
Voraussetzungen:
Viel Zeit um den 6. Dezember herum, Nikolaus-Gewand mit grossem Sack (wird von den Gesellschaften meistens zur Verfügung gestellt).
Ausbildung:
Es gibt keine eigentliche Ausbildung zum Nikolaus. Manche Gesellschaften bieten Kurse an.
Arbeits- und Berufsverhältnisse:
Da die Tätigkeit praktisch auf eine Woche im Jahr reduziert ist, muss mit Stress-Situationen am 6. Dezember gerechnet werden.
Verwandte Berufe:
Der Nikolaus ist eine unverwechselbare Figur. Es gibt keine Verwandtschaft.

A47 Nieder mit dem W.mann

Auftrag 1
a) North Pole, Alaska, USA b) Rovaniemi, Finnland
Auftrag 2
Einer ist für die Christen in Europa zuständig und der andere für die Amerikaner.
Auftrag 3
Zu mir kommt der finnische Weihnachtsmann, weil es näher ist, er am 24. Dezember am Abend kommt und nicht fliegt.

A49 Verspätung

Auftrag 2
Rentiere leben in Tundra- und Waldgebieten Nordskandinaviens.
Auftrag 3
Sie tragen ein dichtes, langes Winterfell.
Auftrag 4
Weil die Rentiere mit Spannhäuten versehene Hufe haben, mit denen sie im Schnee nicht versinken.
Auftrag 5 NEIN

A42 Knecht Ruprecht

Auftrag 4
Knecht Ruprecht ist eine Sagengestalt, deren Ursprung nicht eindeutig ist. Die einen halten ihn für den Köhler, der die verlorenen Sachen des Nikolaus wieder eingesammelt hat und fortan sein Gehilfe wurde.
Andere glauben, dass er seinen Ursprung in den heidnischen Sagen über Poltergeister findet.

A44 Der Weihnachtsmann

Auftrag 1
a) Im 19. Jh. wuchsen Bürgertum und Industrie. Die wohlhabenderen Familien gaben sich mit Nüssen und Äpfeln nicht mehr zufrieden. Das nutzte die Spielzeugindustrie. Ja, die Spielzeugindustrie prägte den heute existierenden Weihnachtsmann.
b) Kleine Kinder glauben immer noch an den Weihnachtsmann, auch weil sie es wollen. Deshalb haben sie auch klare Antworten dafür, dass heute so viele Weihnachtsmänner rumlaufen, obwohl es doch nur einen <richtigen> gibt.
c) Nein, nicht ganz, die Spielzeugindustrie hat sich sehr verändert. Heute bekommt kaum noch ein Kind einen Kreisel oder ein hölzernes Steckenpferd, die Renner des 19. Jh. Aber Bauklötze und Puppen gibt es immer noch.
Auftrag 2
Ja, der Weihnachtsmann wird als Werbegag für alles Mögliche missbraucht.

A45 Santa Claus

Auftrag 1
a) Weil St. Nikolaus einmal armen Mädchen Goldstücke durch den Kamin geworfen hat.
b) Weil diese Goldstücke in die Socken der Mädchen fielen, die sie am Kamin zum Trocknen aufgehängt hatten.
c) Weil der Santa Claus die Geschenke erst in der Nacht durch den Kamin schmeisst.
Auftrag 2
Unser Weihnachtsmann kommt am Abend des 24. Dezembers zu Fuss oder mit einem Esel. Er legt die Geschenke unter den Weihnachtsbaum.

G13 Die Tiere bei der Krippe

Auftrag 1
Um die Tiere bei der Krippe.
Auftrag 2
Um die Entstehung des Christentums.
Auftrag 3
Weil das Zeichen der Christen der Fisch ist.

Sankt Nikolaus

Material Schreib- und Malzeug, AWHeft, Weihnachtsbücher

Aufträge

1. Sicher kennst du den Nikolaus und hast auch ziemlich genaue Vorstellungen von ihm. Lies den unten stehenden Text und überlege, welcher Nikolaus jedes Jahr zu dir kommt. Begründe deine Wahl.
2. Es gibt noch andere Legenden über den Nikolaus. Wenn du eine kennst oder in einem Buch gefunden hast, erzähle sie kurz mit eigenen Worten im AWHeft.
3. Setz dich mit anderen zusammen, lest eure Nikolauslegenden vor und diskutiert, welche euch am besten gefällt und warum.

Die Legende vom

Heiligen Nikolaus

Am 6. Dezember feiern wir den Nikolaustag. Der Nikolaus ist eine Figur, die in verschiedensten Gewändern auftreten kann. In manchen Gegenden trägt er ein prächtiges Gewand, in der Hand einen Bischofsstab, auf dem Kopf den Bischofshut. Das sind die Zeichen dafür, dass er als Heiliger verehrt wird.
Den Bischof Nikolaus hat es wirklich gegeben. Vor 1600 Jahren (im 4. Jahrhundert) war er Bischof in der Hafenstadt Myra in der heutigen Türkei.
Die Bewohner dieser Stadt litten damals unter einer furchtbaren Hungersnot. Sie hatten kein Gold mehr, um Nahrungsmittel bei den Seefahrern zu kaufen. Es gab aber Seeräuber im Hafen, die noch genügend zu essen besassen. Und sie waren auch bereit, den Menschen in Myra etwas abzugeben. Aber dafür wollten sie deren Kinder als Arbeitskräfte auf ihren Schiffen haben.
Bischof Nikolaus verhinderte diesen Tauschhandel. Er schaffte alle kostbaren Geräte aus seiner Kirche herbei, gab sie den Seeräubern und erhielt dafür Essen für die Menschen der Stadt. Auf diese Weise rettete er die Kinder von Myra. Dafür wird er noch heute als Heiliger und Schutzpatron der Kinder verehrt.
In anderen Gegenden gibt es einen ganz anderen Nikolaus. Er trägt eine Pelzmütze und einen langen, roten Mantel.
Man nennt ihn auch <Weihnachtsmann> oder <Knecht Ruprecht>.

Er kommt mit dem Schlitten, trägt einen Sack auf dem Rücken und in der Hand eine Rute. Diese Gestalt, die auch in der Weihnachtszeit auftritt, ist ein Nachfahre des alten Germanengottes Wotan. In seinem Sack sind Geschenke für die Kinder. Mit der Rute sollen die Unarten der Kinder bestraft werden. Die Klapse mit der Rute bedeuteten aber noch etwas anderes: In den grünen Zweigen, so glaubte man früher, sei Lebenskraft enthalten. Und diese Lebenskraft macht alle, die mit der Rute berührt werden, stark. Am 6. Dezember, zum Wotansfest, kam dieser Alte früher aus dem Walde und gab allen Kindern Kraft mit der Rute und etwas zu naschen aus dem Sack, damit sie für den langen Winter stark wurden.

Knecht Ruprecht

A42

Material Gedicht <Knecht Ruprecht> von Theodor Storm, Schreib- und Malzeug, gelber und roter Textmarker, AWHeft, Weihnachtsbücher

Aufträge

1. Wer ist Knecht Ruprecht? Bevor du das Gedicht oder den unten stehenden Text liest, schreibe ins AWHeft, was du von ihm weisst.
2. Vergleiche nun deine Meinung mit dem Gedicht von Theodor Storm. Markiere alle Gemeinsamkeiten in deinem Text und im Gedicht gelb, alle Unterschiede rot.
3. Vergleiche nun beides mit dem unten stehenden Text. Markiere ebenfalls.
4. Und? Wer ist nun Knecht Ruprecht? Schreibe deine Antwort neu.

Knecht Ruprecht

Das <böse> Pendant zum <lieben> Nikolaus ist der schaurige, brummende Knecht Ruprecht; ein Nachkomme der Poltergeister und düsteren Gestalten, die im Mittelalter pelzvermummt mit Ketten und Ruten durch die Gassen zogen und böse Geister vertrieben. Diese lärmenden Gestalten sollen von heidnischen Dämonen abstammen, die die Menschen in den rauen Dezembernächten bedrohten.

Besonders in Deutschland hatten sie viele Namen und Gesichter: Swatter Pitt, Bullerklaas, Leutfresser, Butzemärtel, Rumpelklaas.

Knecht Ruprecht – in der Schweiz nennt man ihn Schmutzli – wurde später (um 1700) zum strafenden Gehilfen des Nikolaus befördert. Man erzählte den Kindern, dass der Nikolaus eines Winters so müde war auf seiner langen Wanderung zu allen Kindern, dass er nicht merkte, wie er nach und nach seine Sachen aus dem Sack verlor. Ein Köhler sah das und sammelte alles wieder ein. Von da an gingen sie zusammen.

Gesucht: Nikolaus

Material Schreibzeug, AWHeft

Aufträge

1. In dem Interview fehlen die Fragen. Lies die Antworten genau durch und schreibe die passenden Fragen in dein AWHeft. Finde auch einen Titel.
2. Du willst als Nikolaus arbeiten. Was musst du alles können? Schreibe es zu den folgenden Stichworten auf: Berufsanforderungen, Voraussetzungen, Ausbildung, Arbeits- und Berufsverhältnisse, verwandte Berufe. Die Antworten findest du im Interview.

Frage 1:
Nikolaus: Ein guter Nikolaus muss mit Herz und Blut bei seiner Arbeit sein. Ausserdem muss er mit Kindern umgehen und auf sie eingehen können. Manchmal besuche ich auch Fussballclubs, und dort muss ich wissen, wie ich mich gegenüber den Teenagern verhalte.

Frage 2:
Nikolaus: Weil ich ein Nikolaus bin, der abends spät noch Feiern besucht, komme ich erst am Mittag in die Nikolaus-Zentrale. Dort verpflege ich mich, denn auf mich wartet ein langer Tag. Bald steige ich in mein Gewand, frisiere meinen Bart und gehe an den Nachmittagen in Kinderhorte, Judo- und Schwimmklubs oder Altersheime. Am Abend besuche ich Familien, Vereine und Zunfthäuser. Wird es spät, komme ich erst um Mitternacht von meiner Wanderschaft zurück. Dann bin ich immer sehr müde und gehe sogleich schlafen.

Frage 3:
Nikolaus: Das ist die Aufgabe von Knecht Ruprecht. Er geht unter dem Jahr in die Stadt und hört und sieht sich um. Seine Daten gibt er dann dem Nikolaus-Büro weiter, welches die Einsätze koordiniert. Auf der Nikolaus-Liste sehe ich, wohin ich mit meinem Knecht Ruprecht und dem Esel gehen muss. Das können mehrere Einsätze pro Tag sein.

Frage 4:
Nikolaus: Das Wort <Sündenregister> gefällt mir nicht. Was ist schon eine Sünde? Ich denke, es gehört zu meinem Job, dass ich mahne und lobe. Diese Aufgabe ist bei uns in der St.-Nikolaus-Gesellschaft der Stadt Zürich leider noch als <Sündenregister> betitelt. Trotzdem hat dieses Register längst nicht mehr das Gewicht von früher. Mir ist es recht, wenn ich in eine Familie komme und gar nichts weiss. Das macht den guten Nikolaus aus, der weiss, was er in einem Wohnzimmer tun und erzählen muss.

Frage 5:
Nikolaus: Es gibt ein Erlebnis, das mich tief berührte, und ich habe lange darüber nachdenken müssen, was sonst nicht meine Art ist. Eines Tages besuchte ich die Patienten des Kinderspitals. In einem Zimmer traf ich einen 7-jährigen Jungen, der nicht mehr sprechen konnte. Darauf habe ich mit meiner Glocke geläutet, und das Pflegepersonal meinte, der Junge habe sehr positiv darauf reagiert. Ein wenig später nahm ich in der Kantine einen kleinen Lunch zu mir. Plötzlich piepste der Sucher des Arztes, der mich auf meiner Tour begleitete. Nach einer halben Stunde kam dieser Arzt zu mir und sagte, dass der Junge gestorben sei. Somit war ich der Letzte, der das Kind erfreuen konnte.

Frage 6:
Nikolaus: Nein, zum Glück nicht. Das war vor 30 Jahren anders. Damals haben viele Eltern ihren Kindern mit dem Nikolaus gedroht. Somit war klar, dass sich die Kinder nicht getrauten, vor mir zu stehen, und sie verkrochen sich an den unmöglichsten Orten wie z.B. unter dem Bett. Heute hat sich das geändert: Ich bin zwar noch eine Respektsperson, aber ein sehr gutmütiger Mann, und das wissen zum Glück die meisten. Nur selten treffe ich auf ängstliche Kinder.

Der Weihnachtsmann

A44

Material Schreib- und Malzeug, Leim, AWHeft, Zeitungen, Werbesendungen, Fotoapparat oder Digitalkamera etc.

Aufträge

1. Lest den unten stehenden Text und nehmt Stellung zu folgenden Behauptungen:
   a) Der Weihnachtsmann wurde von der Spielzeugindustrie des 19. Jahrhunderts erfunden.
   b) Auch heute glauben noch viele Kinder an den Weihnachtsmann.
   c) Der Weihnachtsmann bringt immer wieder die gleichen Geschenke wie vor über 100 Jahren.
2. Im Text steht, dass der Weihnachtsmann als Werbegag missbraucht wird. Stimmt das? Forscht nach in Zeitungen und Zeitschriften, in Geschäften und Einkaufszentren, in Fernsehen, Internet und Radio etc. Stellt eine Weihnachtsmann-Ausstellung zusammen.

Der Weihnachtsmann tauchte Mitte des 19. Jahrhunderts zum ersten Mal auf. Mit seinem langen Bart, dem pelzbesetzten Mantel, der Zipfelmütze und der Rute glich er äusserlich Knecht Ruprecht. Das Schenken übernahm er jedoch vom Nikolaus, der zum 6. Dezember Äpfel und Nüsse in die Hausschuhe der Kinder legte.

Neu waren die Art seiner Geschenke und der Termin seines Kommens. Der Weihnachtsmann erschien nun am 24. Dezember mit grossen Mengen Spielzeug – Holzfiguren, Schaukelpferden, Puppen, Kreiseln und Baukästen – in den Stuben der Stadtfamilien. Das lag daran, dass es im 19. Jahrhundert immer mehr Spielzeugfabriken gab. Aber er brachte auch eine Rute mit für die Unartigen, und viele Kinder fürchteten sich davor. Brav sagten sie ihre Gedichte auf, sangen ihre Lieder vor und bedankten sich ehrfurchtsvoll bei dem grossen, dicken, langbärtigen Mann.

Auch heute noch sammeln viele Kinder Erfahrungen mit der Doppelfunktion des Weihnachtsmannes. Einerseits mahnt er mit der Rute zur Besserung und andererseits belohnt er gute Leistungen mit Geschenken. Aber heute merken die meisten Kinder schnell, dass der Weihnachtsmann eigentlich der Nachbar oder der Onkel ist, und zu einigen Familien traut er sich schon gar nicht mehr hin.

Die Entwicklung zum Konsumfest machte aus dem Weihnachtsmann einen Werbegag. So ist er in der Weihnachtszeit überall anzutreffen, wo es etwas zu verkaufen gilt: in der Süssigkeitenabteilung aus Schokolade gepresst, aus Pappe als Schaufensterdekoration, als Zeichentrickfigur im Werbefernsehen, in Werbeannoncen oder auf Geschenkpapier.

Santa Claus

Material Schreibzeug, Textmarker, AWHeft

Aufträge

1. Finde die Antworten zu folgenden Fragen im unten stehenden Text. Markiere die Stellen mit dem Textmarker und schreibe eine kurze Antwort auf die Linie.

   a) Warum kommt Santa Claus durch den Kamin?

   ____

   b) Warum hängen Socken am Kamin?

   ____

   c) Warum haben Engländer und Amerikaner erst am Morgen des 25. Dezember Bescherung?

   ____

2. Findest du weitere Unterschiede zu unserem Weihnachtsmann? Schreibe sie ins AWHeft.

Es gibt viele Legenden über den Heiligen Nikolaus. Eine erzählt, dass er von drei Schwestern hörte, die so arm waren, dass sie niemand heiraten wollte. Da schlich sich der Nikolaus eines Nachts zu ihrem Haus und warf drei Goldstücke durch den Schornstein. Statt auf den Herd unter dem Rauchfang fielen die Goldstücke in die Strümpfe, die am Feuer zum Trocknen hingen. Daraus ist der Brauch entstanden, von dem seit dem 16. Jh. berichtet wird, am 6. Dezember Strümpfe an den Kamin zu hängen.
In den englischsprachigen Ländern (England/Nordamerika) ist später aus dem Nikolaus der Santa Claus geworden, der erst in der Nacht zum 25. Dezember mit seinem Rentierschlitten durch den Himmel fliegt und seine Gaben durch die Kamine in die Socken wirft.

Der Stress des Weihnachtsmanns

(mathematisch gesehen)

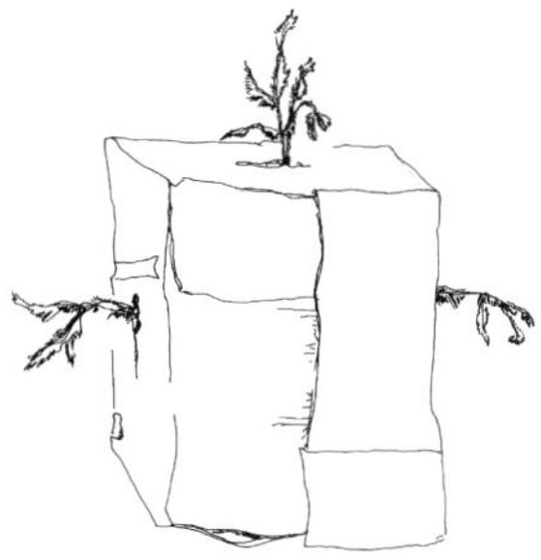

Es gibt zwei Milliarden Kinder und Jugendliche unter 18 auf der Welt. Aber da der Weihnachtsmann (scheinbar) keine Moslems, Hindus, Juden und Buddhisten beliefert, reduziert sich seine Arbeit auf etwa 15% der Gesamtzahl = 378 Mio. Kinder und Jugendliche (laut Volkszählungsbüro). Bei einer durchschnittlichen Kinderzahl von 3,5 pro Familie ergibt das 91,8 Mio. Haushalte. Wir nehmen an, dass in jeder Familie ein Kind lebt, das vom Weihnachtsmann beschenkt wird.

Da er einen 31-Stunden-Weihnachtstag hat, bedingt durch die verschiedenen Zeitzonen, wenn er von Osten nach Westen reist (was logisch erscheint), ergeben sich 822,6 Besuche pro Sekunde.
Somit hat der Weihnachtsmann für jeden christlichen Haushalt mit einem braven Kind $^{1}/_{1000}$ Sekunden zur Verfügung für seine Arbeit, die daraus besteht, zu parken, aus dem Schlitten zu springen, den Schornstein runterzuklettern, die Socken zu füllen, die übrigen Geschenke unter dem Weihnachtsbaum zu verteilen, alle übrig gebliebenen Reste des Weihnachtsessens zu vertilgen, den Schornstein wieder raufzuklettern und zum nächsten Haus zu fliegen.
Angenommen, dass seine 91,8 Mio. Stopps gleichmässig auf die ganze Erde verteilt sind (was natürlich, wie wir wissen, nicht stimmt, aber als Berechnungsgrundlage akzeptieren wir dies), erhalten wir 1,3 km Entfernung von Haushalt zu Haushalt oder eine Gesamtentfernung von 120,8 Mio. Kilometern, nicht mitgerechnet die Unterbrechungen für das, was jeder von uns mindestens einmal in 31 Stunden tun muss, plus Pause etc.

Das bedeutet, dass der Schlitten des Weihnachtsmannes mit 1040 km pro Sekunde fliegt, also der 3000-fachen Schallgeschwindigkeit. Zum Vergleich: Das schnellste von Menschen gebaute Fahrzeug auf der Erde, der <Ulysses Space Probe>, fährt mit lächerlichen 43,8 km pro Sekunde. Ein gewöhnliches Rentier schafft höchstens 24 km pro Stunde.

Die Ladung des Schlittens führt zu einem weiteren interessanten Effekt. Angenommen, jedes Kind bekommt nicht mehr als ein mittelgrosses Lego-Set (etwa 1 kg), dann hat der Schlitten ein Gewicht von 378 000 Tonnen geladen, nicht gerechnet den Weihnachtsmann, der übereinstimmend als übergewichtig beschrieben wird.

Der Stress des Weihnachtsmanns

(mathematisch gesehen)

Material T9, Schreibzeug, AWHeft, Textmarker

Aufträge

1. Lest T9 sorgfältig durch und markiert die mathematischen Angaben.

2. Löst alle Rechnungen aus dem Text im AWHeft und unterstreicht die Resultate doppelt. Stimmen die Berechnungen im Text?

3. Was glaubt ihr, hat der Autor mit diesem Text bezweckt?

4. Berechnet nun alle Angaben im Text für die Schweiz. Die nötigen Angaben findet ihr in euren Geografiebüchern oder im Internet.

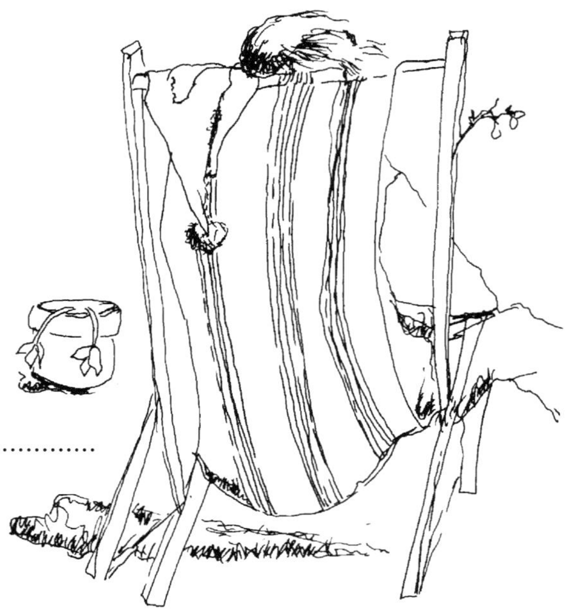

Die Schweiz

- Grösse in Quadratkilometern: ....
- Länge: ....
- Breite: ....
- Einwohnerzahl: ....
- Anzahl Kinder pro Haushalt: ....
- Anzahl Geschenke pro Haushalt: ....
- Durchschnittliches Gewicht: ....
- Arbeitsablauf des Weihnachtsmannes: ....

____________________ ....

____________________ ....

____________________ ....

____________________ ....

- ____________________ ....

- ____________________ ....

Nieder mit dem Weihnachtsmann

Material Schreib- und Malzeug, AWHeft

Aufträge

1. Lest den unten stehenden Text und nehmt Stellung zu folgenden Fragen:
   a) Stimmt ihr der Meinung des Artikels zu?
   b) Würdet ihr dem Verein Pro Christkind beitreten?
   c) Welche Bedeutung hat für euch der Weihnachtsmann?
2. Entwerft einen Aufkleber für diesen Verein. Vergleicht ihn mit dem Original, das ihr unter www.pro-christkind.org findet.

In Österreich formiert sich eine Bewegung für das Christkind. Ihr Ziel ist es, den Weihnachtsmann zu vertreiben.

Wenn die Tage kurz und finster werden, bricht in Österreich die Zeit der Christkindlmärkte aus. Überall stehen dicht gedrängt die heimeligen Holzhütten, voll gestopft mit Süssem und Geräuchertem, Geschnitztem und Gestricktem. Über allem schwebt ein für diese Jahreszeit typischer würziger Duft mit geradezu magischer Anziehungskraft.

Nur das Christkindl ist auf diesen Märkten kaum anzutreffen. Statt dessen jede Menge Weihnachtsmänner. Auch in den Einkaufsstrassen und Shoppingcentern stehen sie herum, zu Hunderten kleben sie überdies an Häuserwänden, grinsen aus Schaufenstern und in den Süsswarengeschäften stehen sie dicht gedrängt, aus Schokolade.

Inmitten dieser Weihnachtsmänner-Orgie fällt der Blick plötzlich auf einen Aufkleber mit einem dicken, durchgestrichenen Nikolaus und dem Slogan: „Wir glauben ans Christkind". Diese Kampagne hat das Ziel, das besinnliche einheimische Christkind vor der Invasion des US-amerikanischen Santa Claus zu retten.

Dieser Claus hat gar nichts mit dem Heiligen Nikolaus oder Samichlaus zu tun, der am 6. Dezember brave Kinder beschenkt und weniger brave tadelt. Der Amerikaner ist eine Ausgeburt einer Coca-Cola-Werbekampagne aus dem Jahr 1931, rot-weiss-rot wie die Dose. Er hat die Bischofsmitra mit der profanen Zipfelmütze vertauscht, sich <Ho! Ho! Ho!> rufend einen skandinavischen Rentierschlitten zugelegt, und zwecks Verteilen der Geschenke saust er wie eine Hexe durch den Kamin.

Welch ein Unterschied zum Christkind, dessen engelhafte Gestalt unsichtbar ist und das sein Kommen nur durch zartes Glockengeläute ankündigt.

Vor zwei Jahren hat der Innsbrucker Theologe P. Tengg den Verein <Pro Christkind> gegründet. Sein Ziel ist es, <die Tradition des Christkindes zu stärken>, und zwar mittels Bewusstseinsförderung in der Bevölkerung. Weihnachten, so erinnert uns der Verein, sei <das Fest der Menschwerdung Gottes und nicht des Konsumrausches>, für den der US-Weihnachtsmann steht.

<Pro Christkind> hat schon über 100 Mitglieder und wird bis in die USA gehört. In New York fand Weihnachten 2002 der erste Christkindlmarkt statt – ohne Weihnachtsmänner. Eine bekannte Schokoladenfirma will Dezember 2003 keine Schokoladenweihnachtsmänner mehr in Österreich verkaufen, und auf dem Kärntner Christkindlmarkt bekommt man keine Verkleidungsrequisiten für den Weihnachtsmann.

Am Polarkreis

Material Schreibzeug, Atlas

Der Weihnachtsmann wohnt im hohen Norden in einem dicht verschneiten Winterwald. Vielleicht hast du schon viele Bilder von seinem Holzhäuschen auf der Waldlichtung gesehen. Aber wo liegt diese Waldlichtung?

Aufträge

1. Auf der Karte siehst du zwei Orte angekreuzt, die zwar ziemlich weit voneinander entfernt liegen, aber dafür beide auf dem Polarkreis. Schreibe die Namen der beiden Orte auf und das Land dazu, in dem sie liegen:

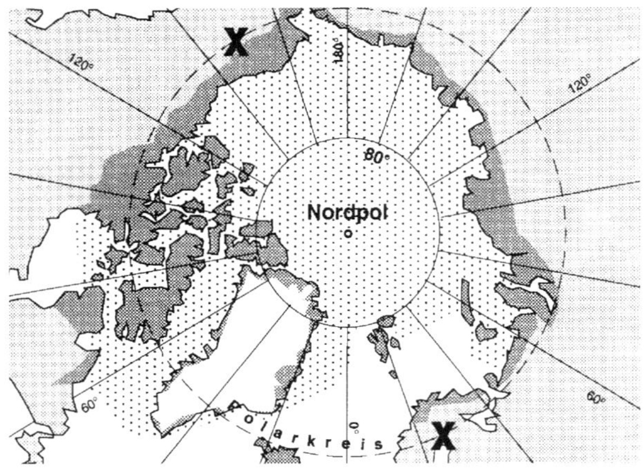

   a) ______________________________

   ____

   b) ____

2. Warum, glaubst du, gibt es zwei Orte, an denen der Weihnachtsmann wohnt?

   ____

3. Welcher Weihnachtsmann wird wohl zu dir kommen? Warum?

   ____

North Pole, Alaska

Rovaniemi, Finnland

Wo und wie und was und wann?

G11

Material Malzeug, Zeichenpapier

Wo wohnt eigentlich der Weihnachtsmann? Das hast du dich bestimmt auch schon oft gefragt. Das Gedicht von Frederik Vahle gibt uns ein paar Ideen, aber wissen tut er es auch nicht.

Aufträge

1. Lies das Gedicht genau durch und übermale die Verse farbig, die deiner Meinung nach stimmen.
2. Wie sieht es da aus, wo der Weihnachtsmann wohnt? Hast du eine Idee? Ja? Dann male ein grosses Bild von seinem Zuhause.

* Haben auch andere Kinder Bilder vom Hause des Weihnachtsmanns gemalt, dann setzt euch zusammen und erzählt. Das wird bestimmt spannend.

Frederik Vahle

Wo wohnt wohl der Weihnachtsmann?

Wo und wie und was und wann,
wo wohnt wohl der Weihnachtsmann?

In den Wolken ganz weit weg
sitzt er froh und munter,
sitzt er da mit Sack und Pack
und fällt niemals runter.

Wo und wie und was und wann,
wo wohnt wohl der Weihnachtsmann?

Wohnt er tief im Tannenwald,
wo der Mond verschwindet,
und er lacht in seinen Bart,
weil ihn niemand findet?

Wo und wie und was und wann,
wo wohnt wohl der Weihnachtsmann?

Oder aber wohnt er wohl
ganz im hohen Norden
und ist bei den Eskimos
Grosspapa geworden?

Wo und wie und was und wann,
wo wohnt wohl der Weihnachtsmann?

Wohnt er in der Felsenschlucht
dicht beim Bergesgipfel
und man sieht von ihm nicht mal
den Kapuzenzipfel?

Wo und wie und was und wann,
wo wohnt wohl der Weihnachtsmann?

Oder aber liegt er froh
einen Sommer lang
irgendwo in Spanien
braun gebrannt am Strand?

Wo und wie und was und wann,
wo wohnt wohl der Weihnachtsmann?

Ganz egal, er wohnt weit weg.
Und wie wunderbar,
dass ers dies Jahr wieder schafft
und ist einfach da.

Wo und wie und was und wann,
da kommt schon der Weihnachtsmann!

Verspätung

Material Schreibzeug, AWHeft

Stell dir vor, der Weihnachtsmann würde dieses Jahr nicht kommen. Es gäbe keine Bescherung, kein Geschenk würde unter dem Weihnachtsbaum liegen! Wäre das nicht schrecklich? Deshalb darf er nicht zu spät kommen. Aber was könnte ihn aufhalten?

Aufträge

1. Wähle einen der drei folgenden Textanfänge aus und schreibe die Geschichte weiter. Denk daran, sie darf spannend und lustig sein und muss ein Happy End haben, sonst sind alle Kinder traurig.

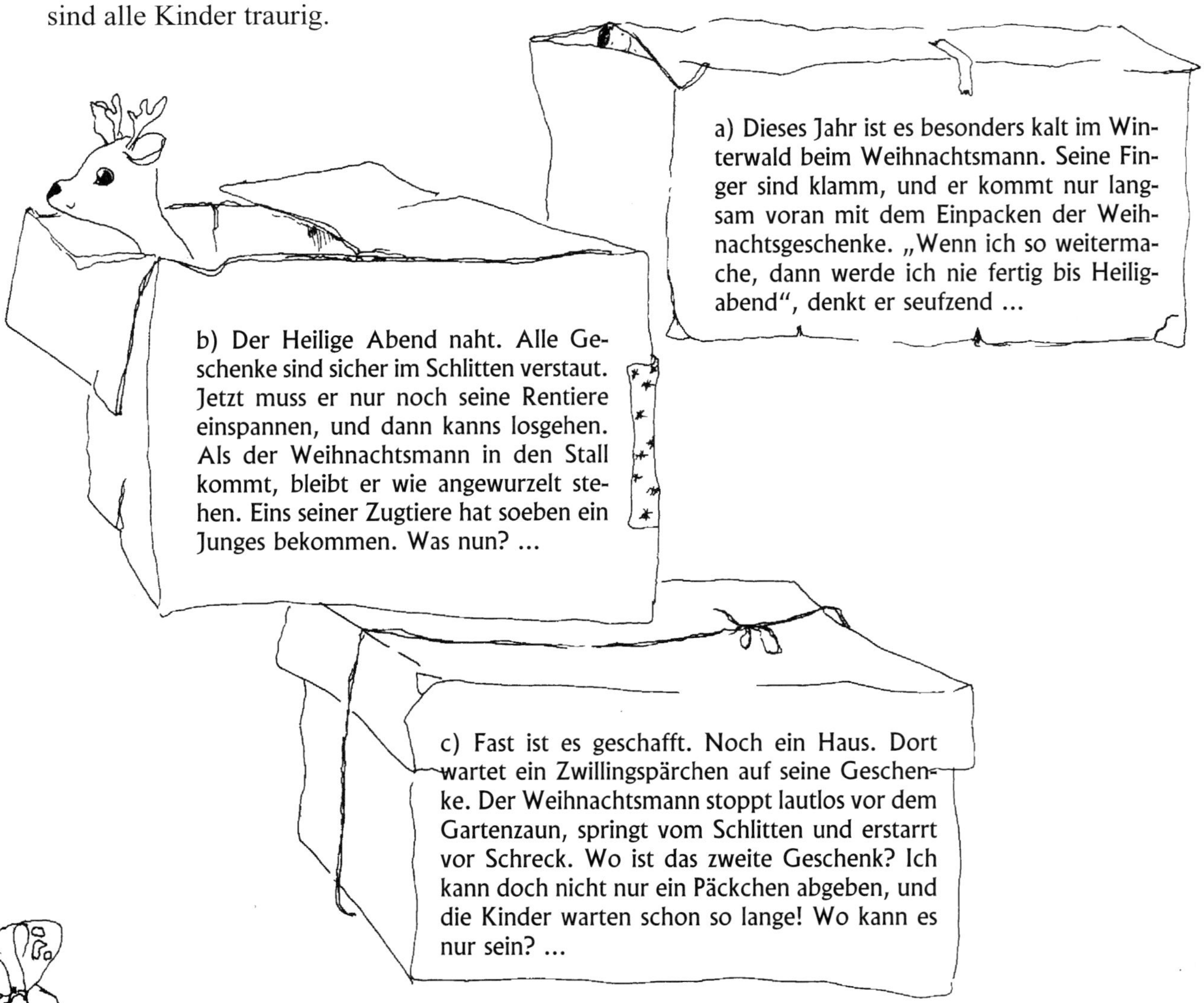

a) Dieses Jahr ist es besonders kalt im Winterwald beim Weihnachtsmann. Seine Finger sind klamm, und er kommt nur langsam voran mit dem Einpacken der Weihnachtsgeschenke. „Wenn ich so weitermache, dann werde ich nie fertig bis Heiligabend“, denkt er seufzend ...

b) Der Heilige Abend naht. Alle Geschenke sind sicher im Schlitten verstaut. Jetzt muss er nur noch seine Rentiere einspannen, und dann kanns losgehen. Als der Weihnachtsmann in den Stall kommt, bleibt er wie angewurzelt stehen. Eins seiner Zugtiere hat soeben ein Junges bekommen. Was nun? ...

c) Fast ist es geschafft. Noch ein Haus. Dort wartet ein Zwillingspärchen auf seine Geschenke. Der Weihnachtsmann stoppt lautlos vor dem Gartenzaun, springt vom Schlitten und erstarrt vor Schreck. Wo ist das zweite Geschenk? Ich kann doch nicht nur ein Päckchen abgeben, und die Kinder warten schon so lange! Wo kann es nur sein? ...

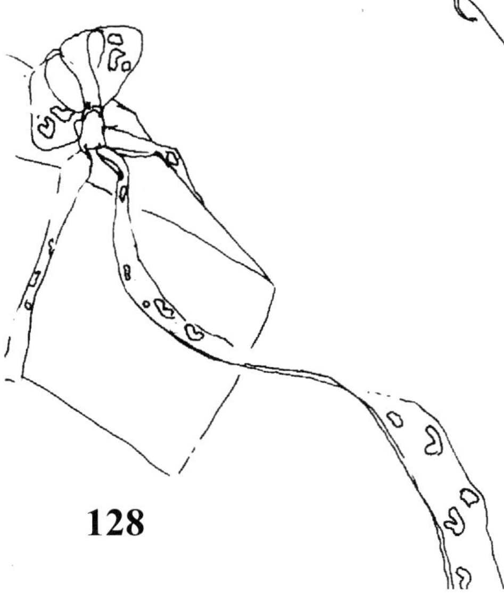

2. Wenn dir das Schreiben Freude gemacht hat, möchtest du vielleicht noch eine andere Geschichte schreiben. Was könnte dem Weihnachtsmann alles passieren? Warum kommt er zu spät? Schreibe eigene Ideen auf oder tausche sie mit anderen der Klasse.

Weihnachtsmann-Rap

Material Schreibzeug, evtl. Rap-Rhythmen auf CD

Auch der Weihnachtsmann geht mit der Zeit und leidet unter dem Weihnachtsstress und daran, dass keiner mehr an ihn glaubt.

Aufträge

1. Lest den Text so oft laut durch, bis ihr ihn auswendig könnt. Jetzt sprecht ihn im Rap-Rhythmus. Vielleicht hat jemand eine CD mit verschiedenen Rap-Rhythmen.

2. Zu diesem Rap kann man noch viele Strophen hinzudichten. Wenn jedes von euch eine neue Strophe erfindet, habt ihr euren eigenen Weihnachtsmann-Rap. Viel Spass!

Frederik Vahle

Rap vom Weihnachtsmann

Der Weihnachtsmann sagt: Bitte sehr!
Ich schleppe keine Säcke mehr.
Ich bleibe dieses Jahr im Wald,
und pfeift der Wind auch noch so kalt.
Ja, ja ... nee, nee,
in Eis und Schnee.

Im Sommer fragen sie mich dumm:
Was streunt der Penner im Wald herum?
Jedoch im Winter sind sie hart,
da brauchen sie einen Mann mit Bart.
Ja, ja ... nee, nee,
in Eis und Schnee.

Und das Gewühle in der Stadt,
ich weiss nicht, wers erfunden hat.
Ich muss Reklame vor'm Karstadt stehn
und durfte nicht nach Hause gehn.
Ja, ja ... nee, nee,
in Eis und Schnee.

Doch wenn ihr Lust habt, dann kommt bald
in meinen Weihnachtswinterwald.
Bringt eine Knoblauchpizza mit,
denn darauf hab ich Appetit.
Ja, ja ... nee, nee,
in Eis und Schnee.

Wir machen dann im Glitzerschnee
'ne Schlitterbahn quer über'n See.
Und wenn ihr heimkommt, sagt ihr dann:
'nen schönen Gruss vom Weihnachtsmann.
Ja, ja ... nee, nee,
in Eis und Schnee.

Die Rentiere des Weihnachtsmanns

Material Tierbücher, Bilder, Weihnachtsbücher

Aufträge

1. Schaut euch die verschiedenen Bilder der Rentiere an.

2. Wo leben die Rentiere? ______________________________

3. Warum vertragen sie die Kälte so gut? ______________________________

____

4. Warum kommt der Weihnachtsmann mit ihnen am schnellsten vorwärts?

____

____

5. Können Rentiere wirklich fliegen? ______________________________

Das Rentier

Das Rentier gehört wie das amerikanische Karibu zur Familie der Hirsche. Es hat einen langen Körper (140-200 cm) und mittellange Beine. Ein ausgewachsenes Rentier erreicht eine Schulterhöhe von 110 cm und ein Gewicht von bis zu 280 kg. Diese grosse, relativ plumpe Hirschart lebt in Tundra- und Waldgebieten Nordskandinaviens. Rentiere besitzen deshalb weit spreizbare, mit Spannhäuten versehene Hufe, damit sie im Schnee und Moor nicht versinken. Die im Sommer überwiegend braunen Tiere legen sich im Herbst ein dichtes, langes, gräuliches Winterfell zu. Auch die Weibchen tragen ein Geweih mit abgeflachten Stangen, deren Enden oft schaufelähnlich verbreitert sind. Damit können sie den Schnee beiseite schaufeln und so Flechten und Moose finden. Im Gegensatz zum Karibu sind die Rentiere nicht wirklich wild. Sie ziehen zwar in Herden über die Tundra, aber sie gehören alle jemandem, z.B. einer Saamenfamilie, die sie als Hirten betreut.
In Skandinavien kann man mit von Rentieren gezogenen Schlitten ausfahren. Ich habe sogar mal ein Rentier in einem Auto gesehen, das auf dem Rücksitz zum Tierarzt chauffiert wurde.

Die sprechenden Tiere: Fotos der Tiere ausschneiden, auf Karton kleben und laminieren.

Wenn Tiere sprechen könnten

Material Fotos von Tieren, Schreibzeug, AWHeft

Aufträge

1. Setzt euch mit dem Text in eine gemütliche Ecke.
2. Lest den Text in verteilten Rollen vor. Bedenkt, welche Stimme wohl jedes Tier hat.
3. Legt nun die Fotos in die Mitte und denkt einen Augenblick still darüber nach, was diese Tiere wohl zu erzählen hätten.
4. Wählt nacheinander je ein Foto und erzählt in der passenden Stimme, was dieses Tier zu sagen hat.
5. Geht nun an euren Platz und schreibt auf, warum euer Tier so spricht und was der Mensch ändern müsste, damit es diesem Tier besser ginge.

Regine Schindler

Die sprechenden Tiere

Jeden Abend bin ich in den Stall gegangen mit der Laterne, um zu sehen, ob alle Tiere angebunden seien. Aber am Weihnachtsabend bin ich nicht gegangen. Ich habe Angst gehabt, weil man gesagt hat, dass die Tiere reden, sich etwas erzählen, wenn die heilige Weihnachtsmesse gelesen wird. Auf Caspausa war ein Bauer, der liess dem Vieh keine Ruhe und kargte mit dem Futter. Der wollte nicht glauben, dass die Tiere am Weihnachtsabend während der Messe reden, und zuletzt hat ers doch ausprobiert, um zu sehen, ob es wahr sei oder nicht. Er ging in den Stall und lauschte oben auf dem Heuboden, der eine Öffnung hatte, und da konnte er wirklich die Tiere reden hören. Alle waren unzufrieden mit dem Meister, und alle beklagten sich; das eine über die Schläge, das andere über das Fressen. Ein Rind beklagte sich, dass es in den Wald hinaus gehen müsse, um Holz zu ziehen. Der Meister lade zu viel auf den Schlitten und schlage es, wenn es ein wenig ausruhen wolle, und nachher bekomme es nicht einmal gutes Heu oder nur wenig. Aber das werde bald ein Ende haben, diese Tyrannei. Es werde ihm bei günstiger Gelegenheit einen Stoss mit dem Horn versetzen, dass er auf dem Platz liegen bleibe.

Da dachte der Bauer: „Oha, von jetzt an muss ich gut zu meinen Tieren sein!“ Und von da an hatte er Ordnung im Stall, schlug seine Tiere nie mehr und gab ihnen genug zu fressen. So hat der Bauer sein Leben bewahrt und Unglück vermieden.

Der unfolgsame Esel

Agatha Christie

Es war einmal ein unfolgsamer, kleiner Esel. Er liebte es geradezu, unfolgsam zu sein. Wenn ihm etwas auf den Rücken geladen wurde, dann warf er es ab, und er rannte den Leuten nach und versuchte, sie zu beissen. Sein Herr konnte nichts mit ihm anfangen und verkaufte ihn deshalb. Für ein paar Cents wurde er schliesslich einem schrecklichen, alten Mann gegeben, der abgearbeitete Esel aufkaufte und sie durch Schinderei umbrachte. Aber der unfolgsame Esel jagte den Mann, biss ihn und rannte dann mit fliegenden Hufen davon.
Er wollte sich nicht wieder einfangen lassen, deshalb schloss er sich einer Menschenmenge an, die ihres Weges zog. Unter all den Menschen wird niemand wissen, wo ich hingehöre, dachte sich der Esel.

Die Menschen zogen alle nach der Stadt Bethlehem, und als sie dort ankamen, gingen sie in einen grossen Kahn voller Menschen und Tiere.

Der Esel aber schlüpfte in einen kleinen Stall, in dem schon ein Ochse und ein Kamel standen. Das Kamel war hochmütig wie alle Kamele, denn die Kamele glauben, nur sie wüssten den geheimen Namen Gottes. Das Kamel war zu stolz, um mit dem Esel zu sprechen, deshalb begann der Esel zu prahlen. Er prahlte gewaltig.

„Ich bin ein ganz aussergewöhnlicher Esel“, sagte er. „Ich kann sowohl in die Zukunft als auch in die Vergangenheit sehen.“
„Wie soll denn das gehen?“, brummte der Ochse.

„Na ja, genau so, wie ich vorwärts und rückwärts gehen kann. Meine Urur-siebenunddreissigmal-Urgrossmutter war die sprechende Eselin des Propheten Bileam und hat mit eigenen Augen den Engel des Herrn gesehen!“ Aber der Ochse kaute ungerührt weiter, und das Kamel blieb weiter hochmütig.

Bald darauf kamen ein Mann und eine Frau herein, und es gab eine Menge Aufregung, aber der Esel fand rasch heraus, dass es da gar nichts an Aufregung gab ausser einer Frau, die ein Kind kriegte, und das passiert schliesslich jeden Tag. Und nachdem das Kind geboren war, liefen Hirten herbei und machten ein grosses Getue um das Kind – aber Hirten sind eben sehr einfältige Leute.
Aber dann erschienen Männer in reicher Kleidung.
„VIPs“, zischte das Kamel.
„Was ist das?“, fragte der Esel.
„Hochwichtige Leute, die Geschenke bringen“, sagte das Kamel.
Der Esel dachte, die Geschenke seien vielleicht was Gutes zu essen, und als es dunkel wurde, schnupperte er daran herum. Aber das erste Geschenk war gelb und hart und ohne Geschmack, das zweite brachte den Esel zum Niesen, und als er am dritten leckte, schmeckte es ekelhaft und bitter.

„Was für blödsinnige Geschenke“, brummte der Esel enttäuscht.
Aber als er so neben der Krippe stand, streckte das Neugeborene seine kleine Hand aus, fasste ein Ohr des Esels und hielt es fest, wie kleine Kinder das tun.

Da passierte etwas ganz Merkwürdiges. Der Esel hatte auf einmal keine Lust mehr, unfolgsam zu sein. Zum ersten Mal in seinem Leben wollte er brav sein. Und er wollte dem Kind ein Geschenk machen ...

Der unfolgsame Esel

Material T10, Schreibzeug, AWHeft

Aufträge
1. Lies die Geschichte vom unfolgsamen Esel.
2. Sicher hast du gemerkt, worum es hier geht.
   Schreibe deine Antwort ins AWHeft.
3. Die Geschichte hört mittendrin auf.
   Schreibe sie zu Ende.
4. Male ein Bild zu deinem Schluss.

Das Ende der Geschichte:

... – doch er hatte nichts zu geben. Das Kind schien an seinem Ohr Freude zu haben, aber das Ohr war ja ein Teil von ihm ... und dann kam ihm ein noch merkwürdigerer Gedanke. Vielleicht könnte er sich selbst dem Kind schenken ...

Kurz darauf kam Joseph mit einem gross gewachsenen Fremden in den Stall. Der Fremde sprach eindringlich auf Joseph ein, und als der Esel die beiden betrachtete, traute er kaum seinen Augen. Der Fremde schien sich aufzulösen, und an seiner Stelle stand ein Engel des Herrn, eine goldene Gestalt mit Flügeln. Doch gleich darauf verwandelte sich der Engel wieder in einen gewöhnlichen Menschen.

Du meine Güte, ich fantasiere, sagte sich der Esel, das Futter muss schuld daran sein.

Joseph sprach mit Maria. „Wir müssen mit dem Kind fliehen. Wir dürfen keine Zeit verlieren." Sein Blick fiel auf den Esel. „Wir wollen den Esel hier mitnehmen und für seinen unbekannten Besitzer Geld zurücklassen. Auf diese Weise verlieren wir keine Zeit."

So begaben sie sich hinaus auf den Weg, der aus Bethlehem fortführte. Doch als sie an einen engen Ort gelangten, erschien der Engel des Herrn mit flammendem Schwert, und der Esel bog vom Weg ab und erkletterte einen Berghang. Joseph wollte ihn zum Weg zurücklenken, aber Maria sagte: „Lass ihn. Denk an den Propheten Bileam."

Gerade als sie den Schutz einiger Ölbäume erreicht hatten, stampften und klirrten die Kriegsknechte des Königs Herodes mit gezogenen Schwertern den Weg entlang.

Genau wie bei meiner Urahne, dachte der Esel, sehr zufrieden mit sich selbst. Es nimmt mich wunder, ob ich auch vorhersehen kann. Er zwinkerte mit den Augen, und da sah er ein undeutliches Bild – einen Esel, der in einen Brunnen gefallen war, und einen jungen Mann, der ihn herauszog ... Das ist ja mein kleiner Herr, zum Mann herangewachsen, dachte der Esel.

Dann gewahrte er ein anderes Bild – derselbe Mann ritt auf einem Esel in eine Stadt. Natürlich, sagte sich der Esel, er soll zum König gekrönt werden!

Aber die Krone schien nicht aus Gold zu sein, sondern aus Dornen. Der Esel liebte Dornen und Disteln, doch für eine Krone mochten sie nicht das Richtige sein. Und er nahm einen Geruch wahr, den er kannte und fürchtete – Blutgeruch, und da war etwas an einem Schwamm, bitter wie die Myrrhe, die er im Stall gekostet hatte.

Da erkannte der Esel plötzlich, dass er nicht mehr vorhersehen mochte. Er wollte nur den Tag leben, wollte seinen kleinen Herrn lieben und sicher nach Ägypten bringen.

Die Tiere bei der Krippe

Material Schreib- und Malzeug

Aufträge

1. Lies den Titel des Gedichts von Max Huwyler. Worum scheint es in diesem Gedicht zu gehen?

____

2. Lies nun das ganze Gedicht. Worum geht es in diesem Gedicht wirklich?

____

3. Warum benutzt Max Huwyler die Tiere an der Krippe für seine Botschaft?

____

4. Lies nun den kurzen Sachtext. Er erklärt dir, warum der Fisch als Zeichen gewählt wurde.

Max Huwyler

Die Tiere bei der Krippe

Alle gingen sie zum Christkind hin:
der Ochs und der Esel,
der Floh im Fell des Ochsen,
die Schafe der Hirten
und die Wächterhunde
und die Zecken in ihrem Fell,
die Kamele der Weisen
mit ihrem langsamen Schritt.

Die Vögel schwirrten um die Sparren,
eine Fledermaus hing im Gebälk.
Schnecken und Würmer
in der starren Erde darunter.
Doch die Fische fehlten.
Später würde ER sie wunderbar vermehren
und zur Speise geben
den Reichen und den Armen
und sie würden
das Zeichen
der Christen sein.

Der Fisch ist in den ersten Jahrhunderten Zeichen für die getauften Christen. Doch wird das Zeichen auch auf Christus selber bezogen. Die griech. Bezeichnung für Fisch lautet:
IChThyS = Jesus Christus Theou Hyios Soter.
Das bedeutet: Jesus Christus, Gottes Sohn, Heiland.
Ein weiteres frühes christliches Symbol, der Anker, ist Zeichen für die Hoffnung der Christen. Er wird hier mit dem Fisch und dem Kreuz, dem wichtigsten Zeichen für Jesus, verbunden.

Holzstumpf-Weihnachtsmann

Material
Holzstumpf
(an einer Seite schräg abgesägt)
Acrylfarbe
(weiss, rot & schwarz)
Filz (weiss & rot)
Watte
Heissleim

Werkzeug
Schere
Pinsel
Heissleimpistole

Arbeitsablauf

1.

1. Grundiere die schräg abgesägte Seite mit weisser Farbe und male ein Gesicht drauf.

2. Schneide aus Filz eine Zipfelmütze und einen Bart. Passe die Grösse deinem Holzstumpf an. Den Schnauz formst du aus Watte.

3. Klebe die Zipfelmütze, den Bart und den Schnauz an.

3.

Abschluss: Lass beim Verzieren deiner Fantasie freien Lauf.

Tipp: Hat der Weihnachtsmann nicht buschige Augenbrauen?

Topf-Weihnachtsmann

Material
1 Tontopf (7 cm)
10 Tontöpfe (3 cm)
4 Messing-Glöckchen (15 mm)
10 Styroporkugeln (2 cm)
1 Styroporkugel (6 cm)
1 Styroporkugel (1 cm)
Acrylfarbe (rot/weiss)
Watte
Heissleim
1 weisser Pompon (25 mm)
Filz (rot/weiss)
Nähfaden & Paketschnur
Faserschreiber

Werkzeug
Schere
Nadel (lange Polsternadel)
Heissleimpistole

Arbeitsablauf

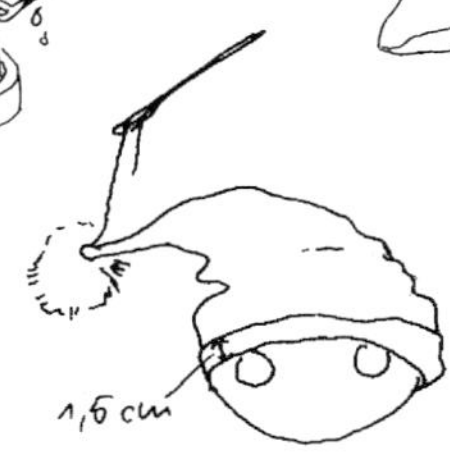

1. Bemale alle Tontöpfe mit roter Acrylfarbe – ausgenommen den Rand von 4 kleinen Töpfen und dem grosse Topf, die werden weiss angemalt.

2. Zerschneide die kleine Styroporkugel in der Mitte und klebe sie als Knöpfe auf den grossen Topf.

3. Schneide für die Mütze ein Dreieck (19 x 16 cm) aus rotem Filz und nähe es 1 cm tief zusammen. Kehre die schöne Seite nach aussen und nähe einen kleinen weissen Pompon an die Spitze der Mütze. Klebe die Mütze auf die grosse Styroporkugel. Schneide aus einem weissen Stück Filz einen 1,5 cm breiten Streifen, klebe ihn als Krempe auf den Mützenrand.

4. Male das Gesicht auf die Kugel, klebe Watte als Bart, Schnauz, Augenbrauen und Haare auf.

5. Knüpfe die Tontöpfe mit Paketschnur zusammen. Verknüpfe in jedem Topf eine Styroporkugel als Abstandhalter. Die Glöckchen werden als Hände und Füsse befestigt. Ziehe die Paketschnur zum Aufhängen durch den grossen Topf und mit der Polsternadel durch den Kopf und die Mütze. Bilde eine Schlaufe zum Aufhängen.

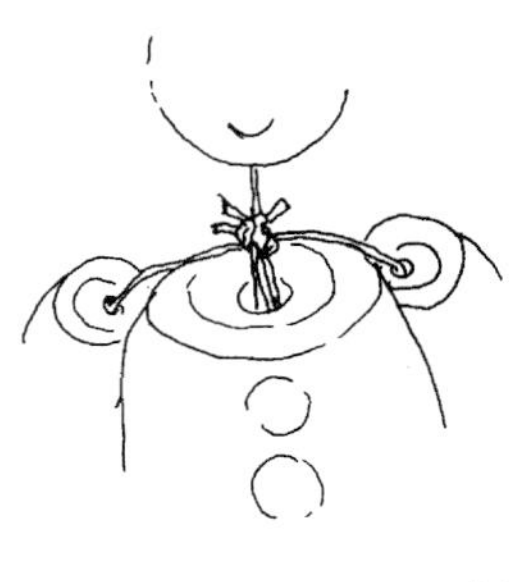

Nikolausdose

B33

Material
Spandose
Wattekugel (Grösse je nach Dose)
Filzreste (weiss, rot, orange)
Silberdraht
Acrylfarben (weiss, orange, rosa)
Filzstift (blau & schwarz)
Alleskleber

Werkzeug
Kneif- & Flachzange
Schere & Bleistift
Pinsel & Stecknadel

Arbeitsablauf

1. Grundiere die Spandose weiss, lasse sie trocknen und bemale sie dann mit orange- und rosafarbenen Streifen.

2. Schneide für die Zipfelmütze entsprechend dem Umfang der Wattekugel aus rotem Filz einen Kegel zu.

3. Klebe den Kegel um die Wattekugel. Als Pelzrand kannst du einen weissen Filzstreifen darüberkleben.

4. Male mit Filzstift Augen und Mund. Als Nase steckst du eine kleine Stecknadel in die Wattekugel.

5. Schneide nun aus orangefarbenem Filz einen Schal zu, lege ihn zu einer Schlaufe und befestige ihn mit Alleskleber in der Mitte des Dosendeckels. Darüber klebst du den Kopf.

6. Schneide jetzt aus weissem Filz einen Bart zu und klebe ihn am Kopf fest.

7. Biege aus Silberdraht eine kleine Brille und schiebe die Bügel unter die Mütze.

8. Klebe zum Schluss weissen Filz an den Zipfel der Mütze.

2.

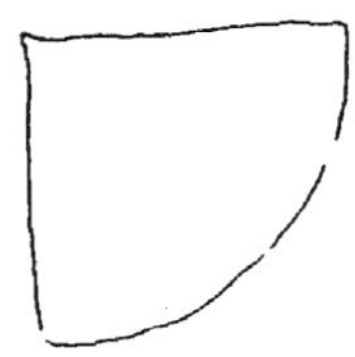

3.

5.+6.

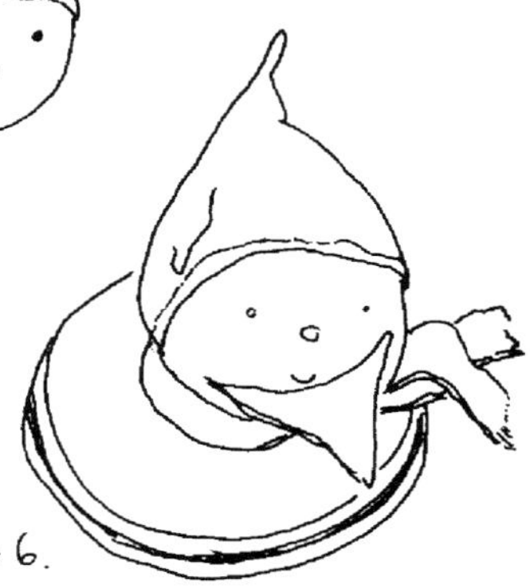

7.

Abschluss: Kleide die Dose mit buntem Seidenpapier aus und lege dein Geschenk oder Süssigkeiten hinein.

Weihnachtsmann-Klammern

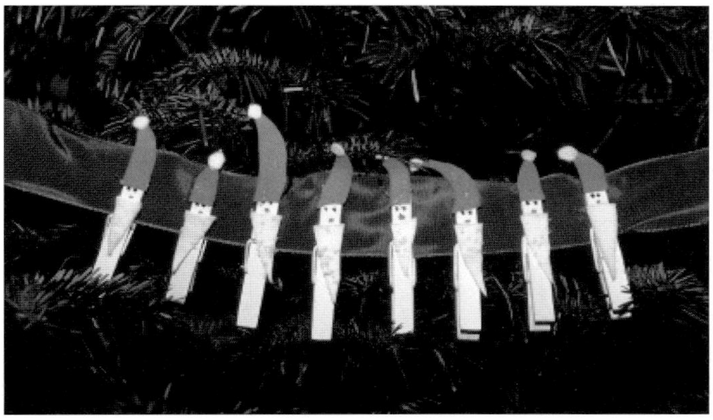

Material
Wäscheklammern (Holz)
Filz (rot & weiss)
Acrylfarben
Klebstift

Werkzeug
dünner Pinsel

Arbeitsablauf

1. Grundiere die Wäscheklammern auf allen Seiten mit weisser Acrylfarbe.

2. Schneide aus rotem Filz kleine Dreiecke als Zipfelmützen aus und klebe sie auf die Wäscheklammern.

3. Male mit einem dünnen Pinsel und Acrylfarben die Gesichter auf die Wäscheklammern.

4. Schneide für die Bärte kleine, weisse Filzstreifen und -dreiecke aus und klebe sie auf.

5. Schneide kleine, weisse Filzkreise aus und klebe sie an die Spitzen der Zipfelmützen.

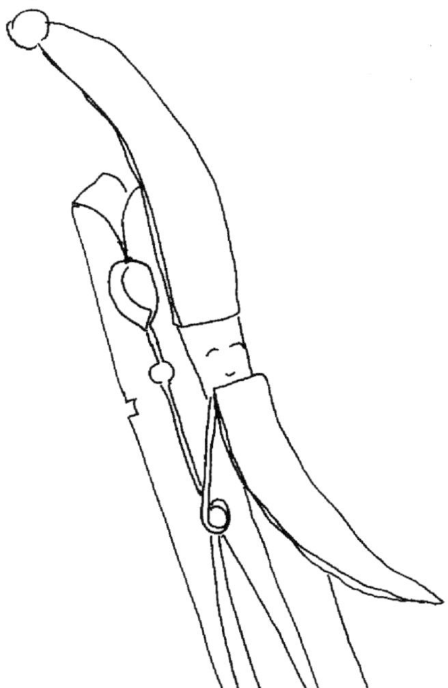

Tipp: Binde schmale Geschenkbänder als Halstücher um die Wäscheklammern.

Weihnachtsmannkästchen

Material
Sperrholz (5 mm) & Heissleim
Gouachefarbe & Watte
Weihnachtsmannschablone
Lack & Klebband

Werkzeug
Laubsäge und Zubehör
Schleifpapier (80/100/150)
Pinsel & Heissleimpistole

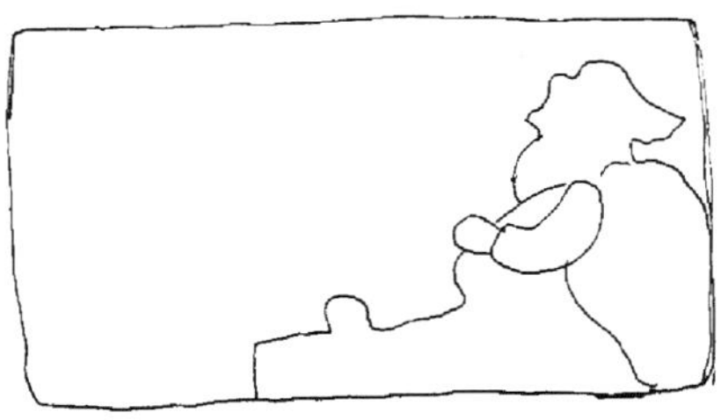

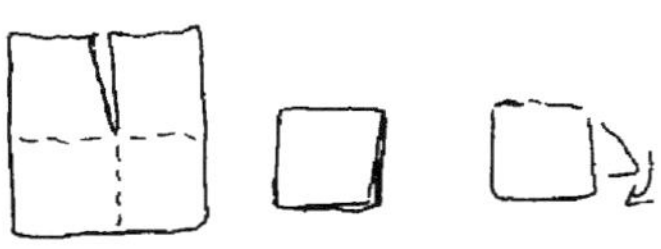

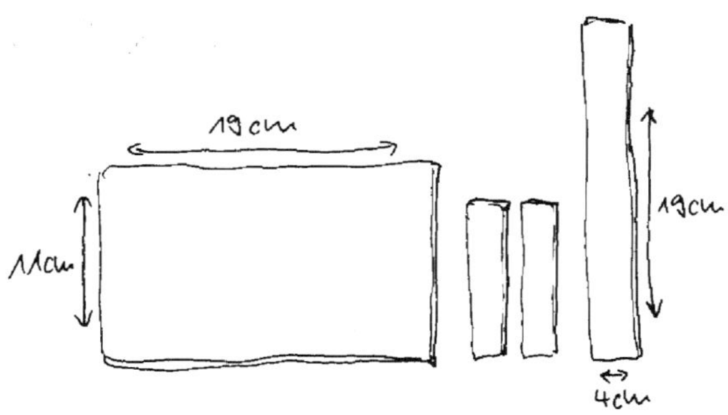

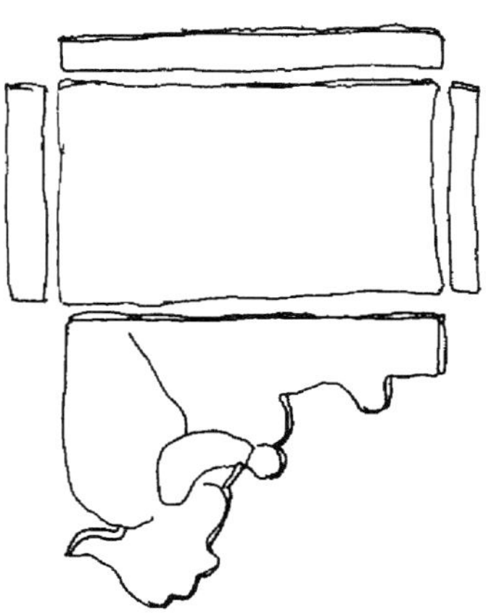

Arbeitsablauf

1. Weihnachtsmann:
Schneide die Schablone aus, befestige sie mit Klebstreifen auf dem Sperrholz und zeichne sie nach.
Säge den Weihnachtsmann aus, schleife ihn sorgfältig und bemale ihn nach Wunsch.

2. Seitenteile:
Säge ein langes Seitenteil (19 x 4 cm) und zwei kurze (12 x 4 cm) zu, schleife sie sorgfältig und bemale sie nach Wunsch.

3. Boden:
Säge den Boden (19 x 11 cm) zu, schleife ihn und bemale ihn nach Wunsch.

4. Kästchen:
Klebe zuerst den Weihnachtsmann und das andere Seitenteil am Boden fest, dann die zwei kurzen Seiten.
Lackiere das Kästchen.

Abschluss: Klebe für den Schnauz, den Bart und den Schnee Watte mit Heissleim auf das Kästchen.

Tipp: Kleide das Kästchen mit rotem Seidenpapier aus, bevor du Nüsse, Süssigkeiten oder Weihnachtsgebäck hineinlegst.

Weihnachtsstrumpf

Material
2 Filzrechtecke (20 x 23 cm)
Dekomaterial & Strukturschnee
Schnittmuster & passendes Nähgarn
Weihnachtsstoff & Vliesofix (20 cm)
Dekoserviette & stabiles Dekoband

Werkzeug
Nähmaschine & weicher Flachpinsel
Schere
Stecknadeln & dicke Nähnadel

Arbeitsablauf

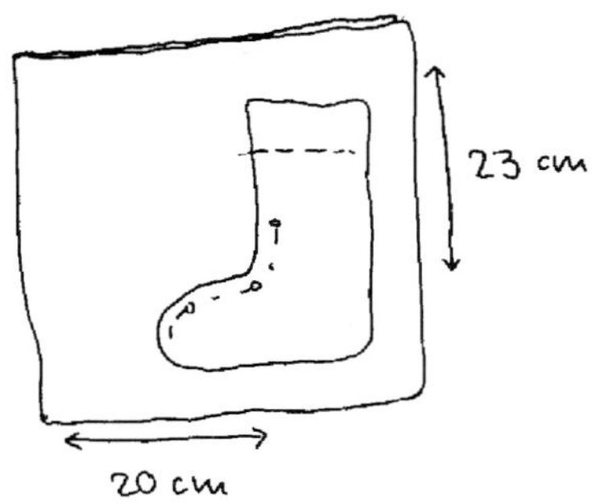

1.

1. Stecke das Schnittmuster auf den doppelt gelegten Filz auf.

2. Schneide die Strumpfteile entlang des Schnittmusters ohne Zugaben aus und nähe beide Filzteile schmalkantig zusammen.

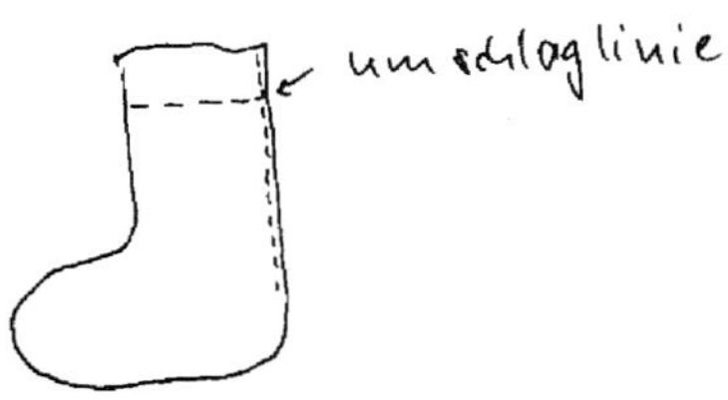

2.

3. Schlage den Umschlag entlang der Umschlaglinie nach aussen.

4. An der Innennaht befestigst du den Anhänger: Schneide ca. 8 cm vom Dekoband ab, lege es zu einer Schlinge und nähe es von Hand an.

4.

Abschluss: Verziere den Weihnachtsstrumpf nach Wunsch.

Tipp: Du kannst z. B. Sujets mit Vliesofix aufbügeln, Motive aus Dekoservietten ausschneiden und mit Serviettentechnik aufsetzen oder den Strumpf besticken.

Weihnachtshampelmann

B37

Material
Moosgummi (2 mm – rot, weiss, schwarz, braun, hautfarben)
Wackelaugen
Weihnachtsmannschablone
rotes Satinband
reissfester Faden
dünner, weisser Baumwollfaden
4 Rundkopfklammern

Werkzeug
Cutter & Schere
Nähnadel
Lochzange
Alleskleber

Arbeitsablauf

1. Schneide die Schablonen aus und übertrage sie auf Moosgummi (Schuhe, Arme, Hände und Ärmelbesatz doppelt ausschneiden, alle übrigen Teile nur einmal).

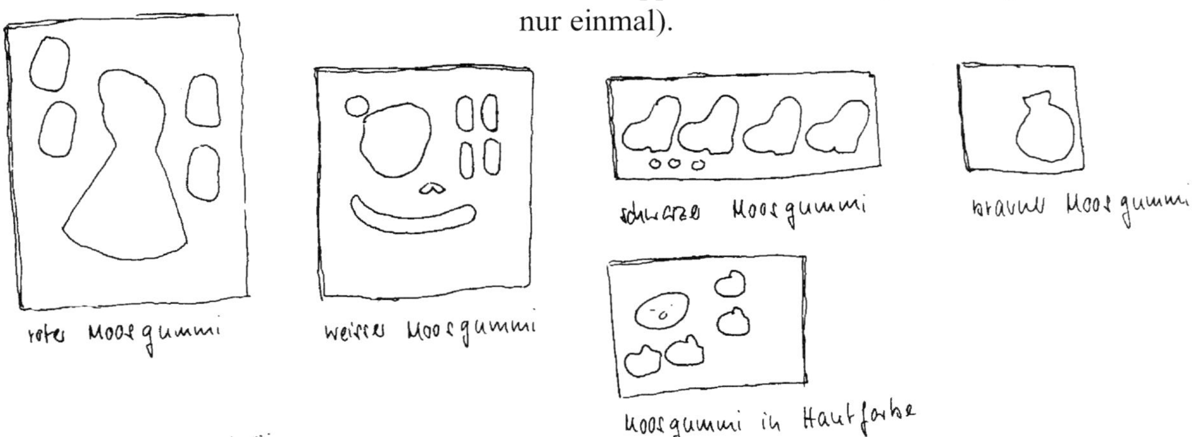

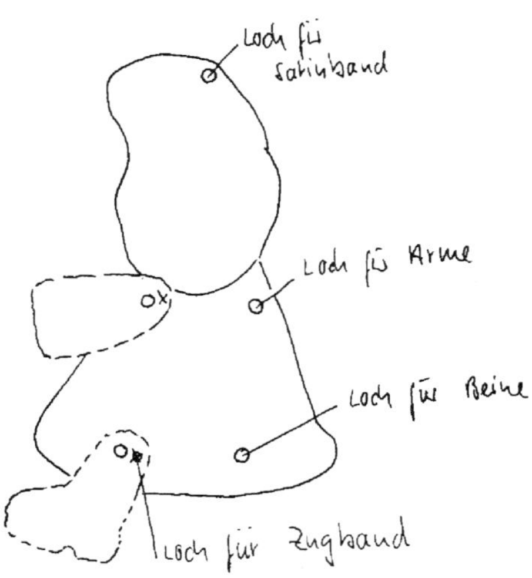

2. Stanze mit der Lochzange an den markierten Stellen (Körper, Arme, Schuhe) die Löcher für die Rundkopfklammern aus.
Die Löcher für das Zugband kannst du entweder mit einer Nadel oder mit der Lochzange (bei kleinster Einstellung) ausstanzen.

Achtung: Die Löcher für das Zugband sind an Armen und Beinen mit x bezeichnet.

Arbeitsablauf

3. Klebe den Bart und den Pompon auf das Unterlagsmoosgummi auf.

4. Nun kannst du das Gesichtsteil auf den Bartteil kleben und das Gesicht mit Augen, Nase und Schnauz fertigstellen.
   Verziere den Mantel mit Knöpfen. Bringe dann den Pelzbesatz an den Ärmelenden an und klebe die Hände darunter.

5. Verbinde die Arme und Beine mit Rundkopfklammern am Körper.

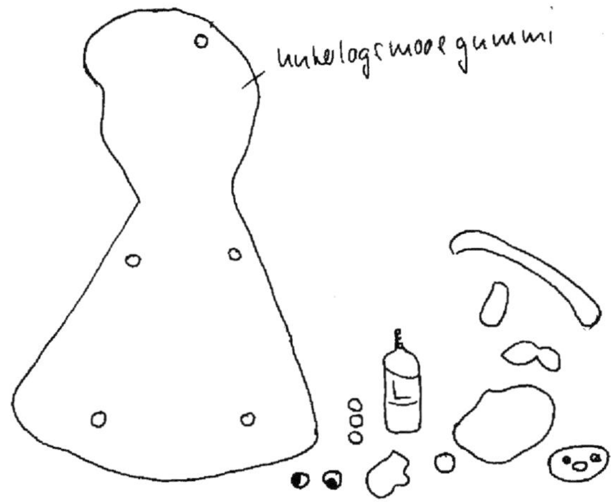

Achtung:
Die Teile müssen gut aneinander vorbeigleiten können. Falls nötig, lockere die Klammern etwas oder drücke sie an.

Abschluss:
6.a) Verbinde als erstes die beiden waagerechten Verbindungsfäden mit einem Knoten. Wichtig ist, dass die Fäden länger sind als der Abstand zwischen den Gliedmassen, sonst lässt sich der Hampelmann nicht bewegen.

6.b) Verknüpfe das senkrechte Zugband in der Mitte zuerst mit dem oberen Verbindungsfaden, führe dann den Faden locker zum unteren Verbindungsfaden und und verknote es.

6.c) Befestige am Ende des Zugbandes das Säckchen und an der Mütze eine Aufhängeschlaufe.

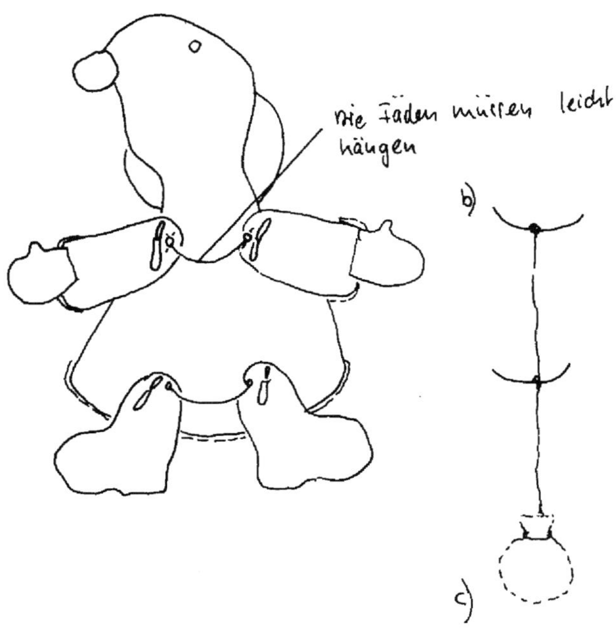

Lebkuchenhaus

Lebkuchenteig
800 g Honig
2 Beutel Lebkuchen-Gewürz-
mischung
1 TL Salz
2 TL Backpulver
geriebene Schale (2 Zitronen)
3 EL Kakaopulver
1 kg Mehl

Kleben & Verzieren
3 Päckchen Puderzucker
rote & blaue Speisefarbe
100 g Marzipan-Rohmasse
abgezogene Mandeln
Zuckerperlen
kandierte Früchte
Schokolinsen

Werkzeug
Backblech & -trennpapier
Kochlöffel & Löffel
Schüsseln
Küchenmesser
Pinsel
Schablonen
Wallholz

Arbeitsablauf

1. Tag

1. Erwärme den Honig mit 4 EL Wasser, bis er flüssig ist. Lass ihn dann etwas abkühlen.

2. Vermenge alle anderen Zutaten und siebe sie nach und nach in den Honig, rühre dabei mit dem Kochlöffel um.

3. Knete den Teig auf der bemehlten Arbeitsfläche gut durch und lass ihn über Nacht zugedeckt bei Zimmertemperatur ruhen.

2. Tag

4. Halbiere den Teig und rolle ihn zu zwei Flächen aus (7 mm dick).

5. Backe den Lebkuchen bei 180°C auf der mittleren Schiene für 20 Minuten auf einem mit Backtrennpapier belegten Backblech.

6. Stürze den gebackenen Lebkuchen auf die Arbeitsfläche und ziehe das Backtrennpapier ab.

7. Backe die zweite Lebkuchenfläche wie die erste.

8. Schneide aus beiden Lebkuchen mit Hilfe der Schablonen die Hausteile aus.

9. Klebe das Lebkuchenhaus mit Puderzuckerglasur zusammen. Wo es nicht richtig hält, kannst du mit Stecknadeln nachhelfen.

Achtung: Dann darfst du das Haus nicht mehr essen.

Abschluss: Verziere das Lebkuchenhaus mit Zuckerguss, Zuckerperlen etc.

Tipp: Du kannst aus übrig gebliebenem Teig Bäume, Zaun, Bänkchen etc. ausschneiden und zu deinem Haus dazustellen.

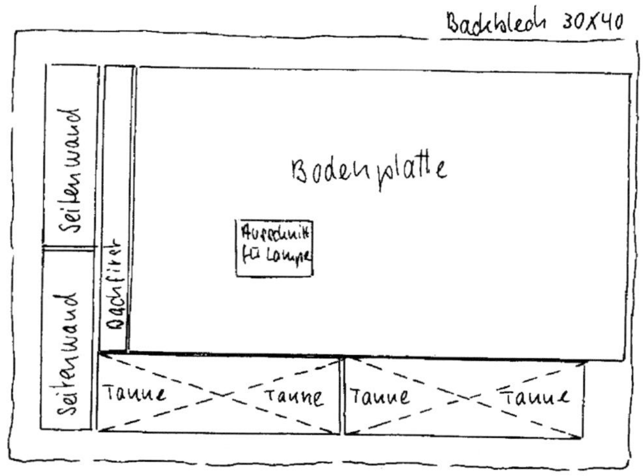

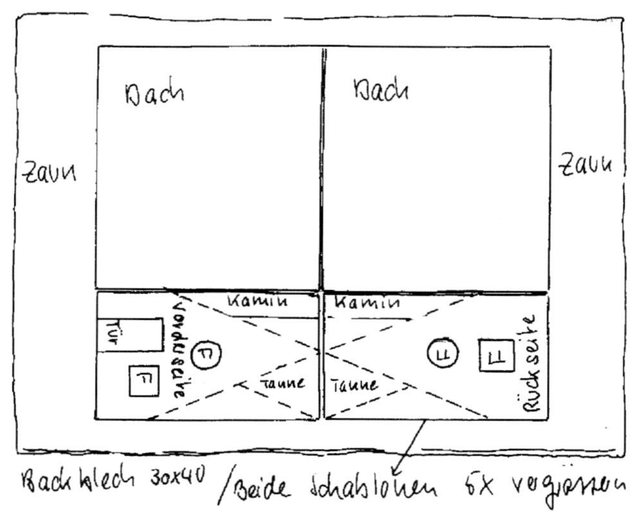

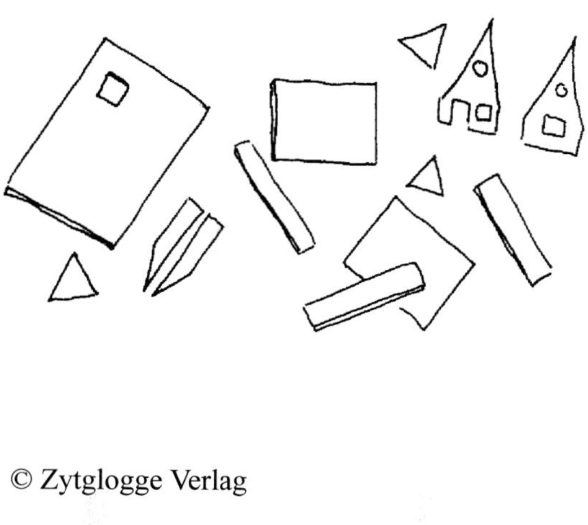

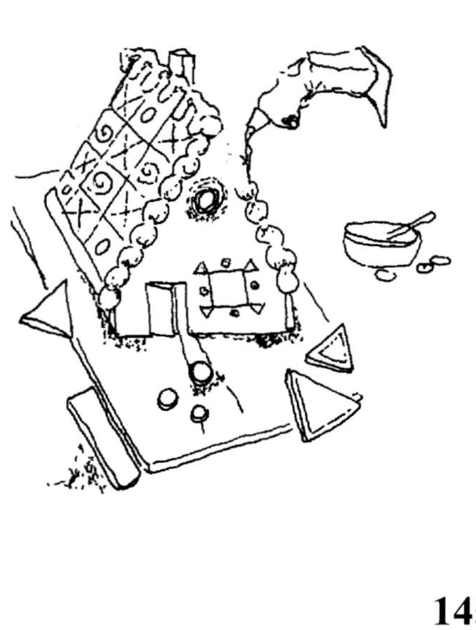

Morgen kommt der Weihnachtsmann

Morgen kommt der Weihnachtsmann,
kommt mit seinen Gaben.
Bunte Lichter, Silberzier,
Kind mit Krippe, Schaf und Stier,
Zottelbär und Panthertier
möcht ich gerne haben.

Doch du kennst ja unsern Wunsch,
kennst ja unsre Herzen.
Kinder, Vater und Mama,
auch sogar der Grosspapa,
alle, alle sind wir da,
warten dein mit Schmerzen.

Morgen, Kinder, wirds was geben

Morgen, Kinder, wirds was geben,
morgen werden wir uns freun!
Welch ein Jubel, welch ein Leben
wird in unserm Hause sein!
Einmal werden wir noch wach,
heissa, dann ist Weihnachtstag.

Wie wird dann die Stube glänzen
von der grossen Lichterzahl!
Schöner als bei frohen Tänzen
ein geputzter Kronensaal.
Wisst ihr noch, wie vor'ges Jahr
es am Heil'gen Abend war?

Wisst ihr noch beim Räderpferdchen,
Malchens neue Schäferin,
Jettchens Küche mit dem Herdchen
und dem blank geputzten Zinn?
Heinrichs bunter Harlekin
mit der gelben Violin?

Morgen, Kinder, wirds nichts geben

Material L5, Schreibzeug

Aufträge

1. Lest das Gedicht von Erich Kästner aufmerksam durch.
2. Besprecht eure spontanen Gedanken zu diesem Gedicht.
3. Vergleicht den Text mit dem Lied S.196, für dessen Melodie Kästner es geschrieben hat.
4. Stellt Vermutungen über seine Absichten mit diesem Gedicht an.
5. Lest die Kurzbiografie von Erich Kästner und schreibt eure Interpretation des Gedichts.
6. Reizt es euch nicht, selbst ein Lied auf diese Art umzuschreiben? Achtet aber auf die Melodie!

Erich Kästner

Weihnachtslied, chemisch gereinigt

(Nach der Melodie <Morgen, Kinder, wirds was geben!>)

Morgen, Kinder, wirds nichts geben!
Nur wer hat, kriegt noch geschenkt.
Mutter schenkte euch das Leben.
Das genügt, wenn mans bedenkt.
Einmal kommt auch eure Zeit.
Morgen ists noch nicht so weit.

Doch ihr dürft nicht traurig werden.
Reiche haben Armut gern.
Gänsebraten macht Beschwerden.
Puppen sind nicht mehr modern.
Morgen kommt der Weihnachtsmann.
Allerdings nur nebenan.

Lauft ein bisschen durch die Strassen!
Dort gibts Weihnachtsfest genug.
Christentum, vom Turm geblasen,
macht die kleinsten Kinder klug.
Kopf gut schütteln vor Gebrauch!
Ohne Christbaum geht es auch.

Tannengrün mit Osrambirnen –
lernt drauf pfeifen! Werdet stolz!
Reisst die Bretter von den Stirnen,
denn im Ofen fehlts an Holz!
Stille Nacht und heil'ge Nacht –
weint, wenns geht, nicht! Sondern lacht!

Morgen, Kinder, wirds nichts geben!
Wer nichts kriegt, der kriegt Geduld!
Morgen, Kinder, lernt fürs Leben.
Gott ist nicht allein dran schuld.
Gottes Güte reicht so weit ...
Ach, du liebe Weihnachtszeit.

Erich Kästner (1899 – 1974)

Nach einem Studium in Leipzig, Rostock und Berlin bestritt Kästner seinen Lebensunterhalt als Theaterkritiker und freier Mitarbeiter von Zeitungen und Zeitschriften.
Als Kinder- und Jugendbuchautor wurde Kästner vor allem durch seine Bücher <Emil und die Detektive>, <Pünktchen und Anton>, <Das fliegende Klassenzimmer>, <Das doppelte Lottchen> bekannt.
Hitlers Machtergreifung 1933 führte für Kästner zum Publikationsverbot. Er emigrierte jedoch nicht. Nach 1945 war er Mitbegründer eines Kabaretts und hatte bis 1960 eine sehr intensive literarische Schaffensperiode.
Sein Werk zeigt sowohl idealistische und moralische Aspekte als auch Satire und politische und soziale Parteinahme. Kästners Werke sind in fast alle Weltsprachen übersetzt worden.

Schablonen < Advent >

Beim Kopieren auf 116% vergrössern.

Adventskalender

---- Frontblatt

—— Drehscheibe hinten

Male auf das Frontblatt ein Weihnachtsbild

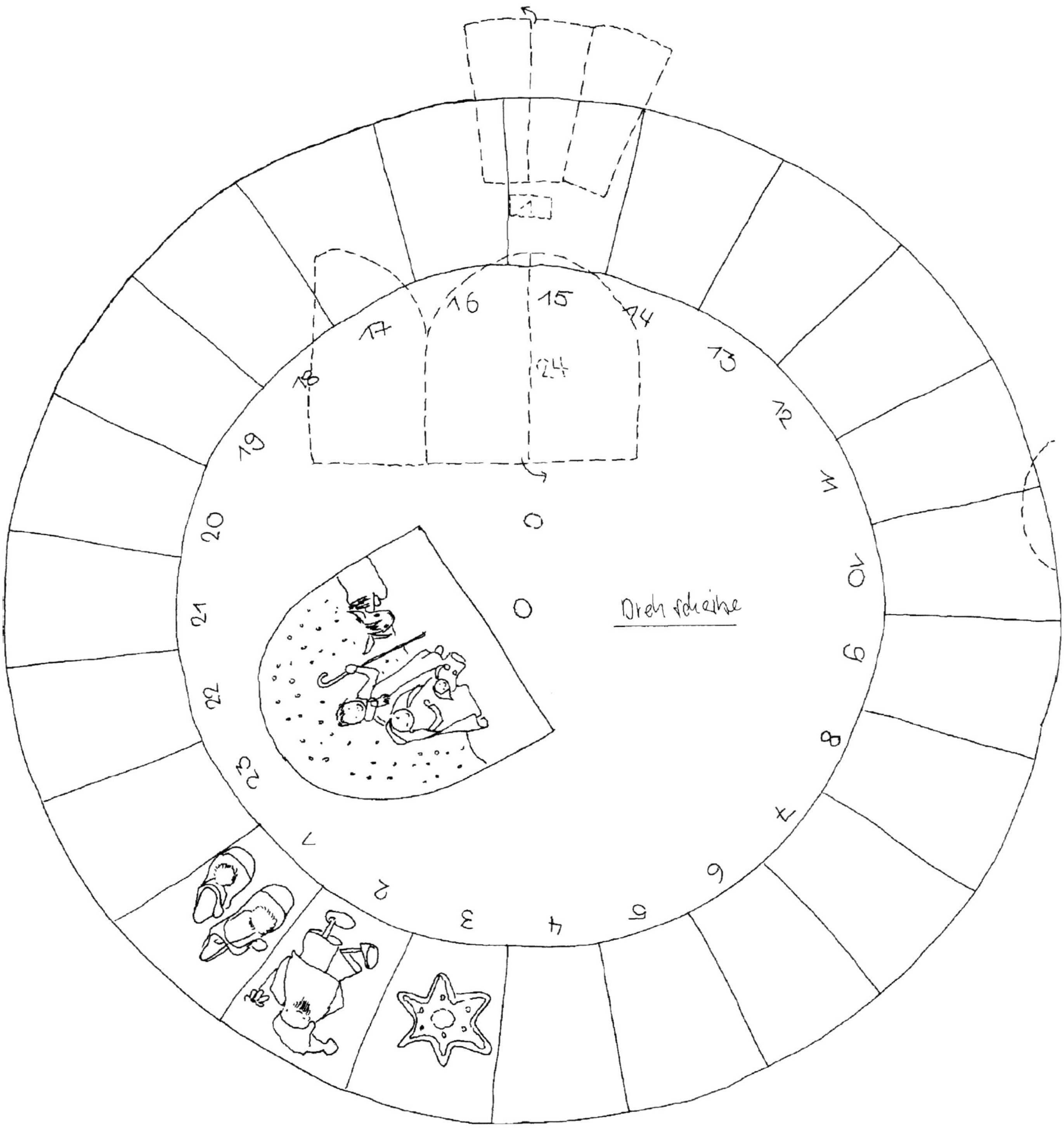

Schablonen < Sterne >

Beim Kopieren auf 116% vergrössern.

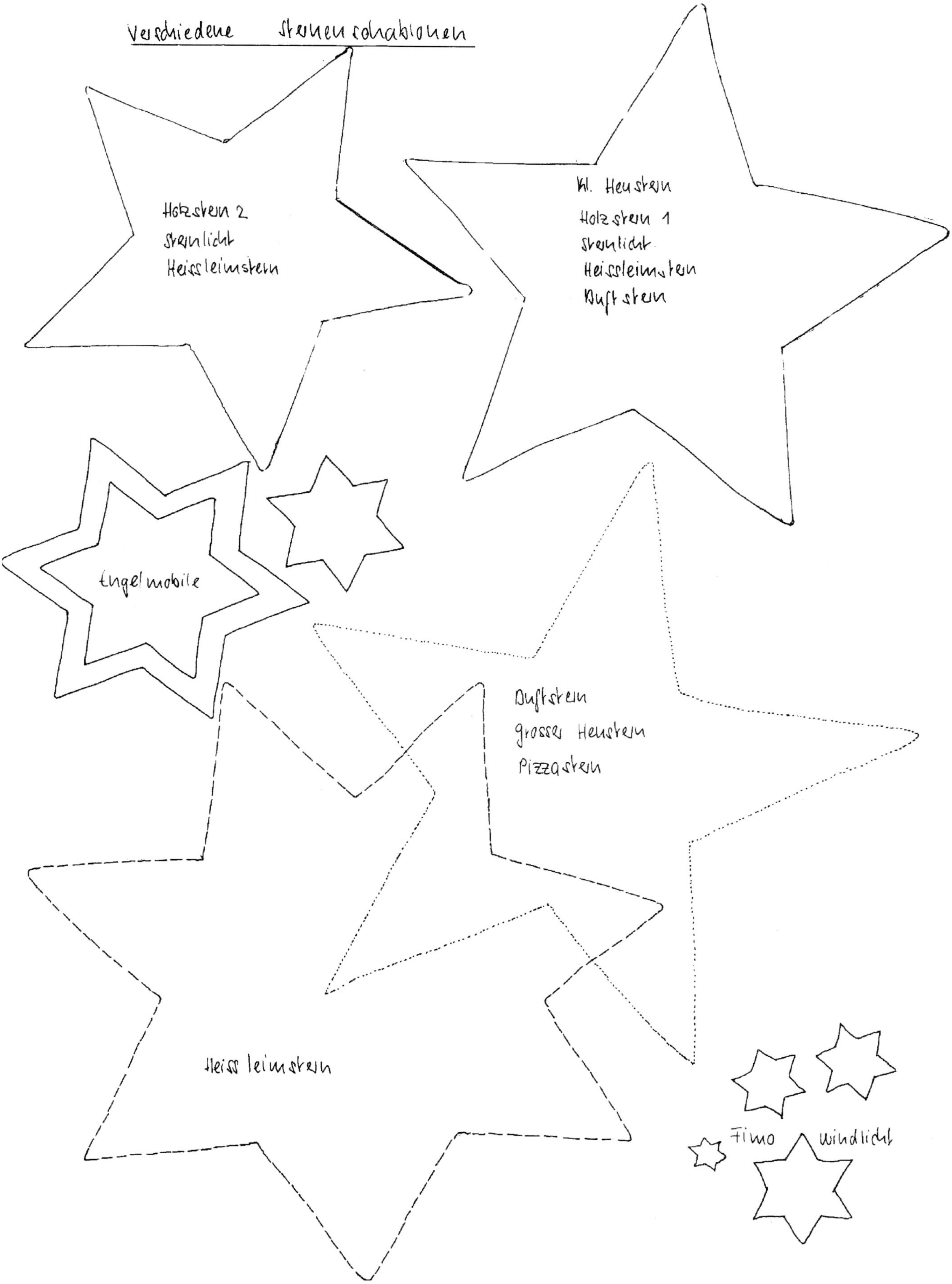

Schablonen <Lichter>

Beim Kopieren auf 112% vergrössern.

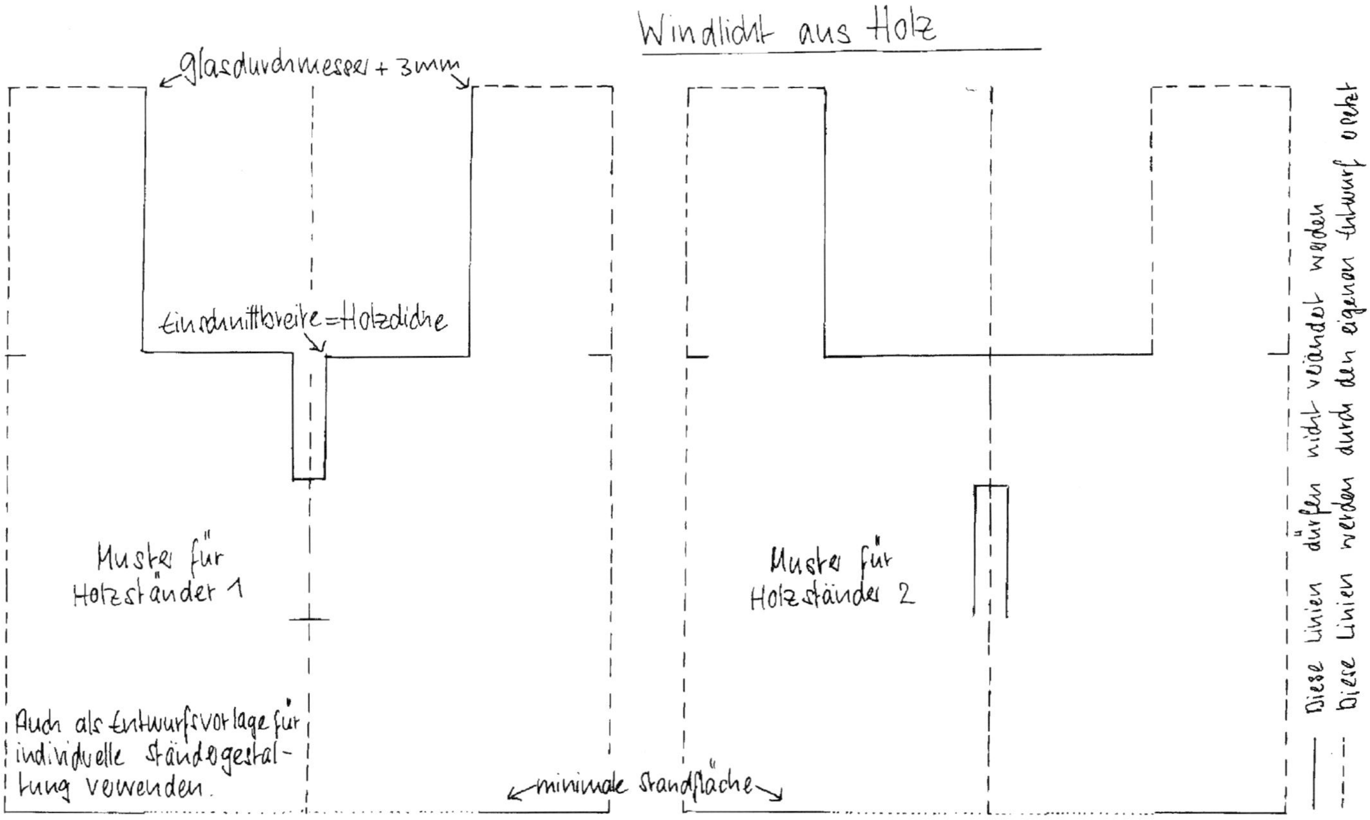

Beim Kopieren auf 200% vergrössern.

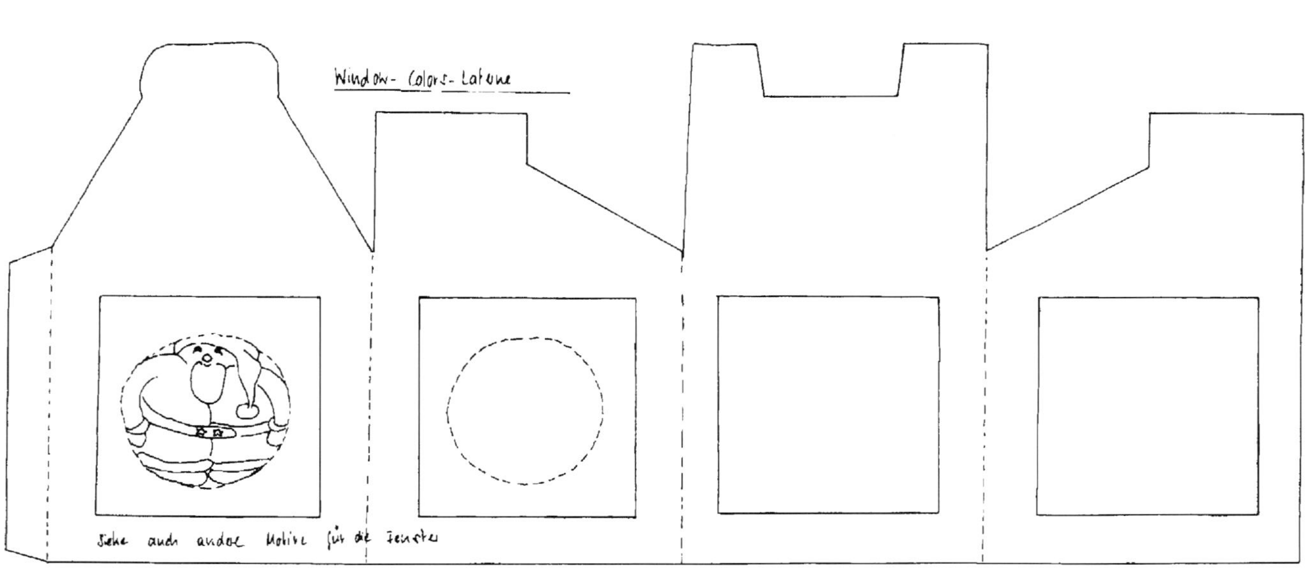

Schablonen <Engel>

Beim Kopieren auf 115% vergrössern.

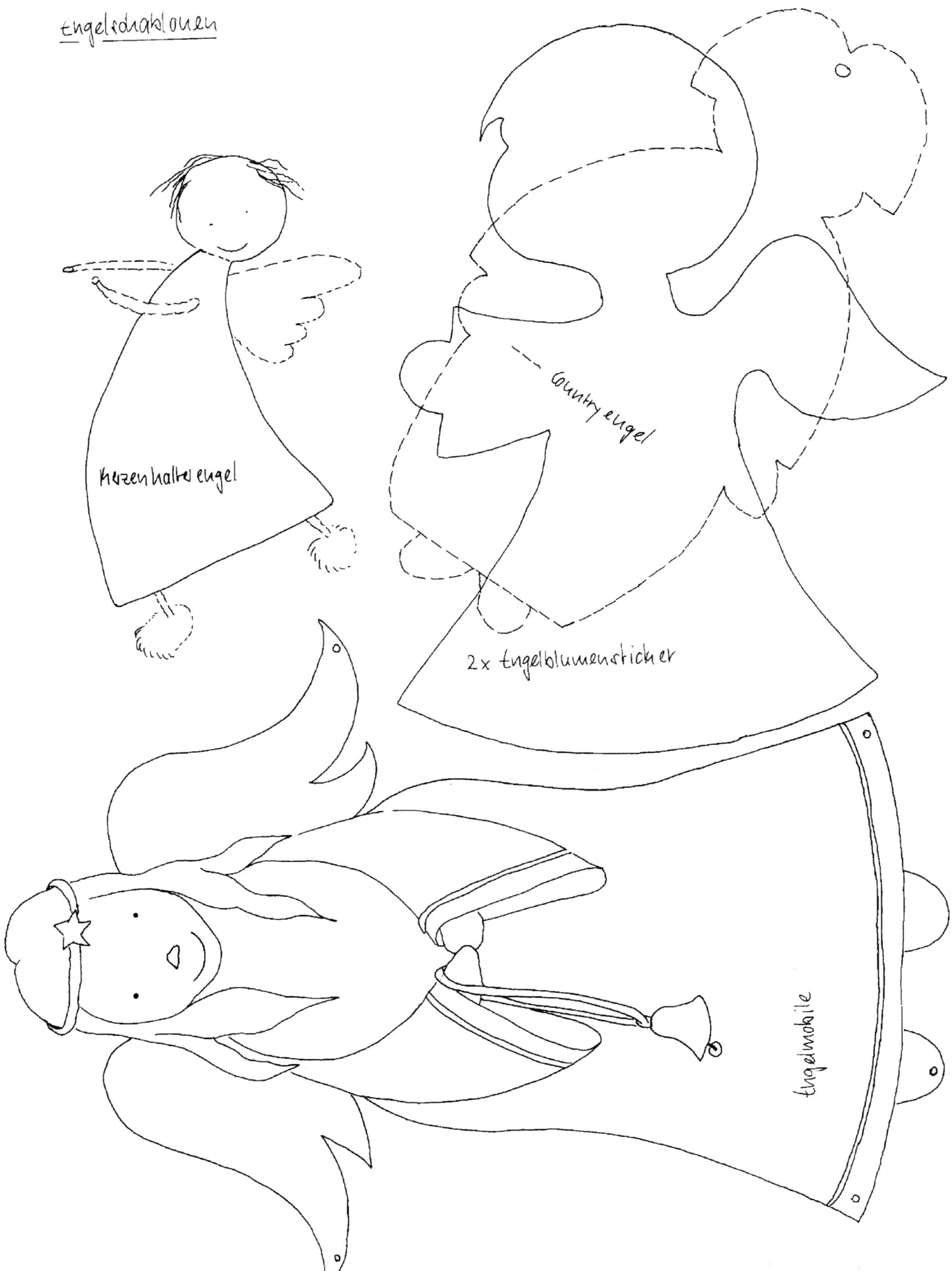

Schablonen <Weihnachtsmann>

Originalgrösse zum Kopieren.

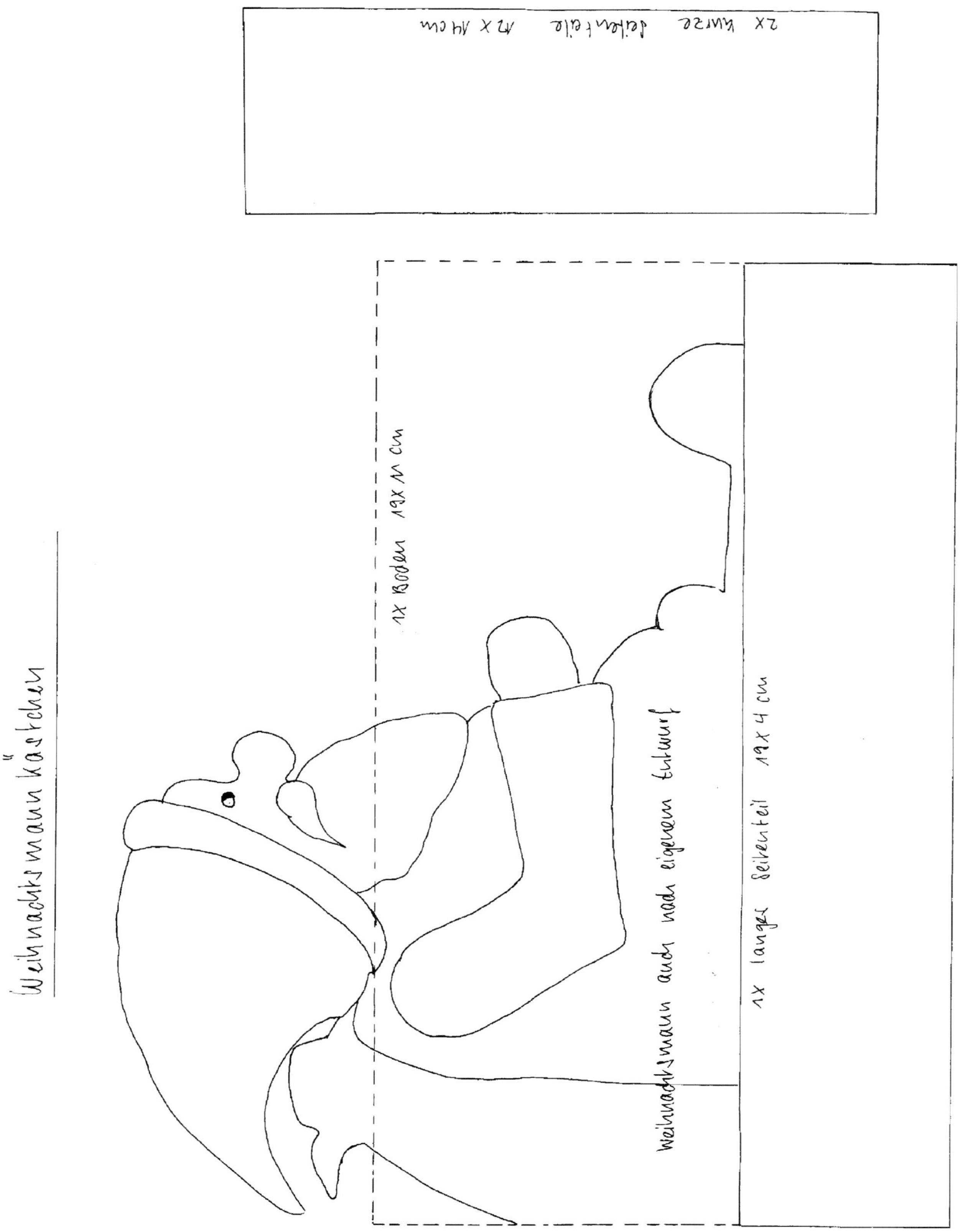

Schablonen <Weihnachtsmann>

Beim Kopieren auf 116% vergrössern.

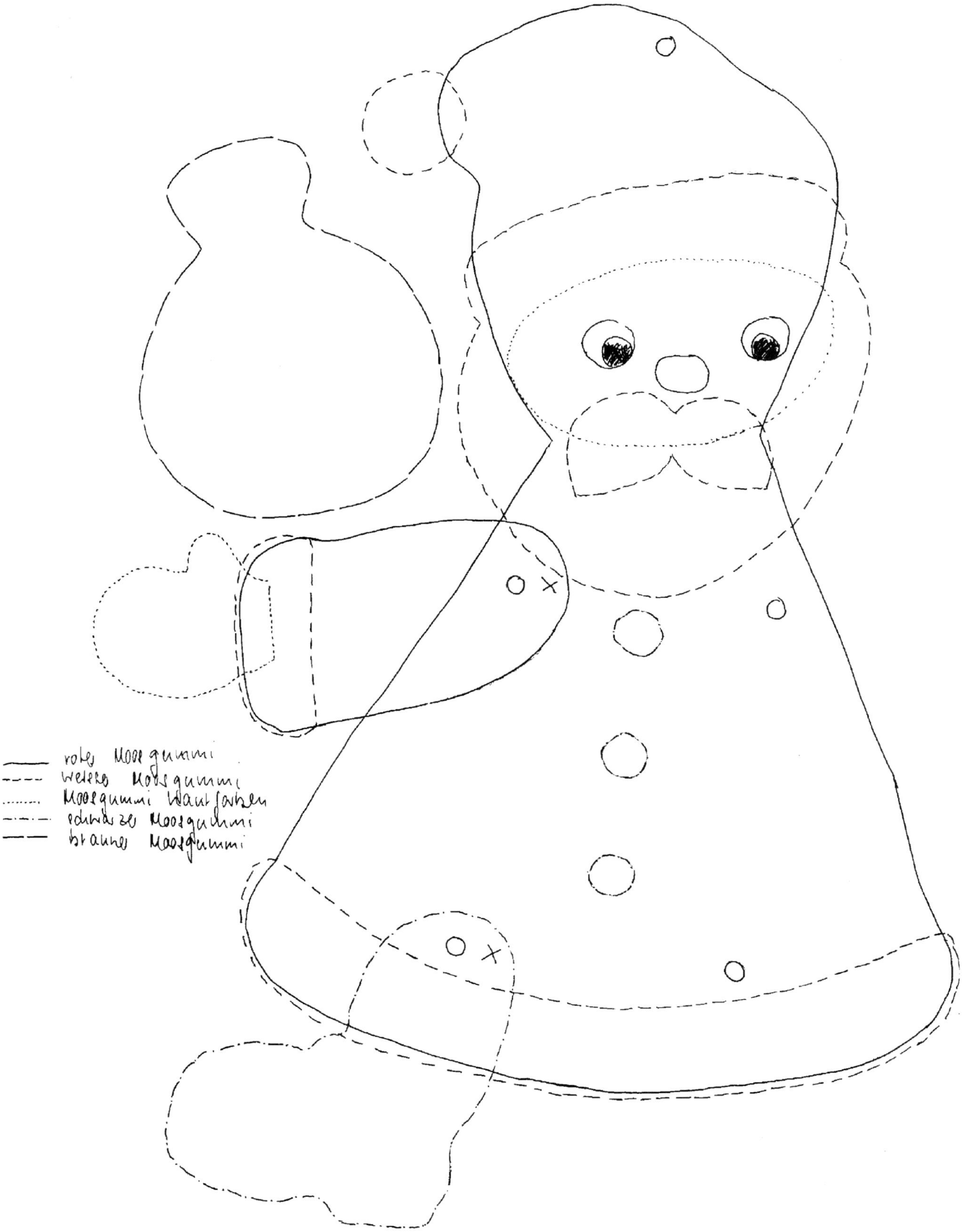

Schablonen <Weihnachtsmann> & <Lichter>

Beim Kopieren auf 111% vergrössern.

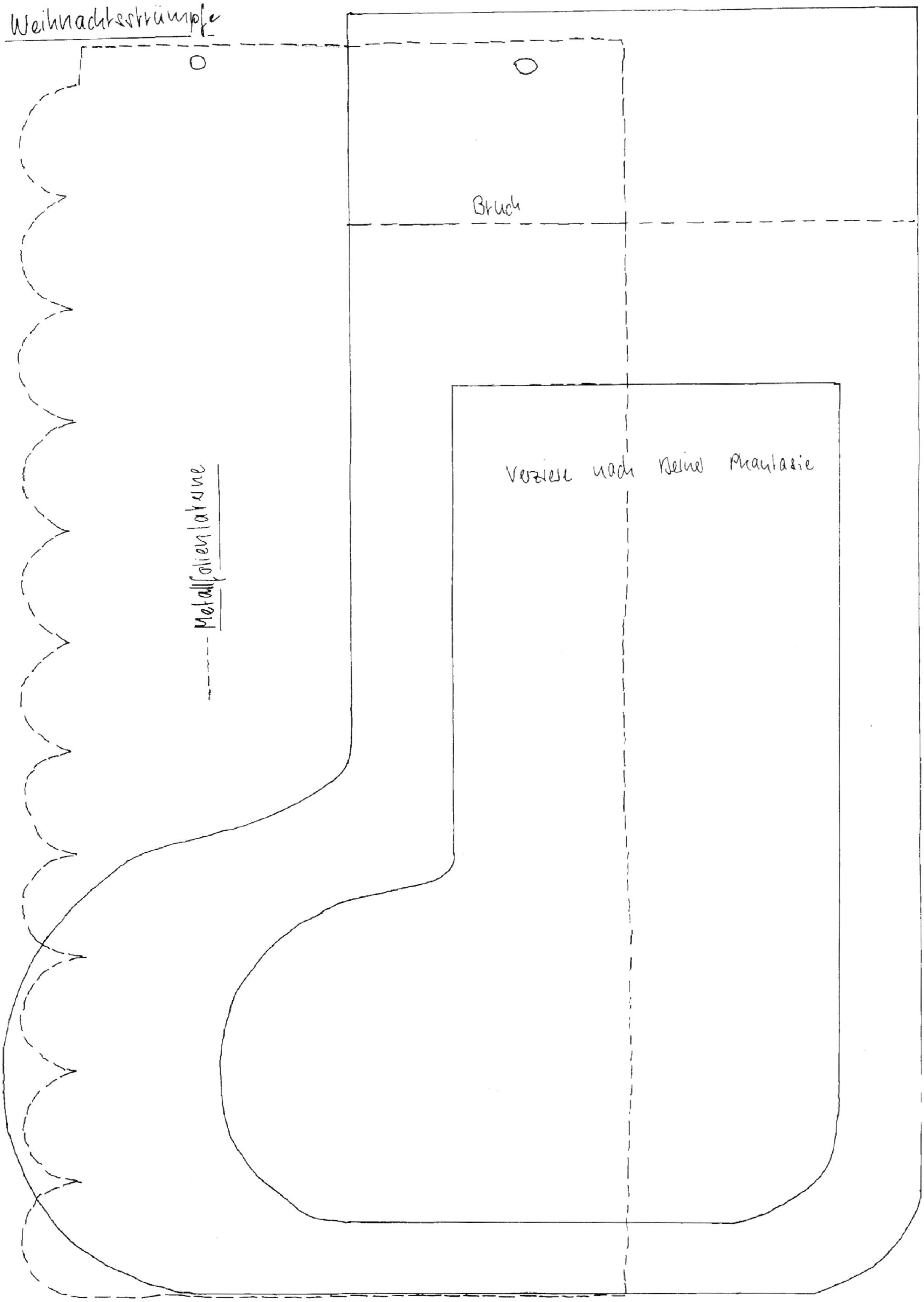

Weitere Literatur zum Thema

Weihnachtszeit in der Schule
Schubi, 7. Auflage 2001

die neue schulpraxis
St. Galler Tagblatt AG, Heft 11/2001 & Heft 11/2002

Weihnachten ist nahe
Regine Schindler, Orell Füssli Verlag Zürich, 2. Auflage 1983

Die schönsten Weihnachtsbräuche
Marianne Mehling, Droemer Knaur, 1980

Lieber Weihnachtsmann
Diogenes Verlag Zürich, 1992

Weihnachtsmann mach du das mal
Diogenes Verlag Zürich, 1995

Uns ist ein Weihnachtslicht geschenkt
Andrea Dillon, skv-Edition Lahr, 1998

Frohe Weihnachten
A. Korsch Verlag Gilching, 2002

Thema Weihnachten
Peter Kohrs, Metzlersche Verlagsbuchhandlung Stuttgart, 1981

Engel, Hase und Bommelmütze und 24 Adventsgeschichten
ausgewählt von Brigitte Weninger, Neugebauer Verlag Zürich, 2002

Weihnachtsduft liegt in der Luft
Almuth Bartl & Barbara Cratzius, Christophorus Verlag Freiburg i.B., 2000

Weihnachten mit Sanima
Daniel Badraun, Lehrmittelverlag des Kantons Zürich 2000

Die Weihnachtsgeschichte
Anke Hees, Lehrmittelverlag des Kantons Zürich, 1999

Weihnachten im Wandel der Zeiten
Eugen Ernst, 1998

Als Weihnachten beinahe verschoben wurde
Achim Bröger, 1997

Viel Spass mit der AdventsWerkstatt ...

... und fröhliche Weihnachten!

Petra Ketelsen

Antonetta Etter

Thomas Sbampato

Verena Schleiffenbaum

Alain Ziehbrunner

Jaromir Lesekartei

Heinrich Wiesners ‹Jaromir› ist so etwas wie der Harry Potter des Geschichtsunterrichts. Jaromir kann in Bildern verschwinden, sein Eintauchen und Sichzurückversetzen in eine frühere Epoche faszinieren die Schüler der Mittelstufe.

Alain Ziehbrunner hat zu Wiesners ‹Jaromir bei den Rittern› und ‹Jaromir in einer mittelalterlichen Stadt› eine Lesekartei geschaffen. Zu allen Kapiteln von Teil 1 (Burg) und Teil 2 (Stadt) gibt es ein fein ausgetüfteltes Auftragsblatt, das den Lesegenuss und Jaromirs Abenteuer nachhaltig vertiefen.

Br., A4, 136 S.,
Fr. 39.–/€ 26.–
ISBN 3-7296-0651-4

Simona Babst / Hape Köhli

RitterZeit

Mittelalter-Werkstatt mit Lesekartei

Werkstatt mit 49 Aufträgen, Kopiervorlagen und Lernkontrollen. Im 2. Teil eine Lesekartei zum Jugendroman «Jaromir bei den Rittern» von Heinrich Wiesner.

Aus dem Inhalt: Teile der Burg, Werdegang des Ritters, Rüstung und Bewaffnung, Ritterwappen und Heraldik, Falknerei und Jagd, Würfelspiele, Minnesang und Instrumente, Belagerungsmaschinen und Fallen, Fabelwesen und Monster der Ritterzeit. **Mittelstufe**

Br., A4, 144 S.,
Fr. 42.–/€ 23.–
ISBN 3-7296-0583-6

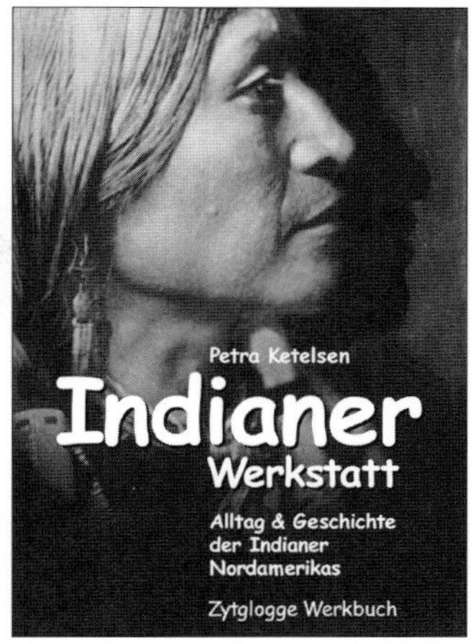

Petra Ketelsen

IndianerWerkstatt

Alltag & Geschichte der Indianer Nordamerikas

148 Kopiervorlagen, Werkstattaufträge, Lesetexte, Infokartei, Lösungskartei und Lernkontrollen. Die Autorin, die sich mit den Ureinwohnern Amerikas verbunden fühlt und die dortigen Gebiete mehrmals aufsuchte, hat ein vielseitig einsetzbares Unterrichtswerk geschaffen. Themen: Besiedlung Amerikas / Stämme und Sprachgruppen / Ernährung, Jagd, Hausbau, Transport, Kleidung, Schmuck / Bild- und Zeichensprache, Geisterwelt / Reservate. **Mittel- + Oberstufe**

Br., A4, 184 S.,
Fr. 45.–/€ 24.50
ISBN 3-7296-0597-6

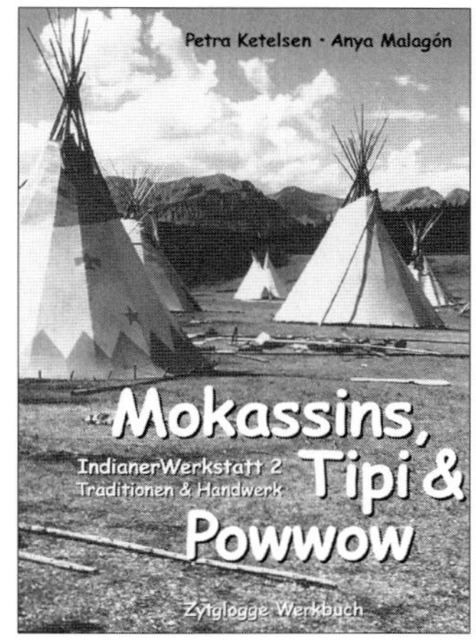

Petra Ketelsen / Anya Malagón

Mokassins, Tipi & Powwow

IndianerWerkstatt 2
Traditionen & Handwerk

Teil 1: Soziale Richtlinien des Indianerlebens, Organisation und Durchführung eines Indianerlagers, Outdoor-Aktivitäten, Geschichten und Gedichte, Spiele, Tänze und Lieder, das grosse Fest «Powwow», ein Brettspiel als Lernkontrolle.
Teil 2: Herstellung von Booten und Behausungen en miniature; originalgrosse Gebrauchsgegenstände aus verschiedenen Materialien: Kleidung, Schmuck, Instrumente, Spielsachen der Indianerkinder. **Mittel- + Oberstufe**

Br., A4, 208 S.
Fr. 45.–/€ 24.50
ISBN 3-7296-0596-8

Gerd Oberdorfer

Phänomenale Mathe-Magie

Experimente aus dem Bereich der Mathematik

Experimente aus den Bereichen Spiegelungen, Illusion, Statik, Kristalle und Muster. Logische Spiele und Probleme laden zum gedanklichen Training ein. Geschichten aus der Mathematik geben einen Überblick auf 300 000 Jahre Menschheitsgeschichte, in der sich vom einfachen Zählen bis zur Differentialgleichung Unglaubliches abgespielt hat. Die Experimente können meist mit einfachen Mitteln hergestellt und ausprobiert werden. Eine genaue Beschreibung erleichtert den Zugang auch zu schwierigen Aufgaben. **Mittel- + Oberstufe**

Br., A4, 128 S.,
Fr. 36.–/€ 18.–
ISBN 3-7296-0469-4

Gerd Oberdorfer

Das springende Ei

Experimente für die fünf Sinne

Dieses Buch enthält 125 spannende und unterhaltende Experimente aus den Bereichen Mechanik, Akustik, Optik, Magnetismus. Elektrizität, Biologie, Chemie, Feuer, Wasser, Luft. «Lernen durch die Sinne» und «learning by doing» sind Grundideen zu diesem Buch. Angesprochen sind neugierige Kinder und Erwachsene jeden Alters. Der Schwierigkeitsgrad ist überall angegeben – einige Experimente brauchen viel Vorarbeit und spezielles Material, bei anderen kann gleich mit dem Probieren begonnen werden. **Mittel- + Oberstufe**

Br., A4, 160 S.,
Fr. 39.–/€ 19.50
ISBN 3-7296-0389-2

Petra Jörg, Daniel Perrin & Co.

NetzWerkBuch Computer

Jetzt geht es um die Erweiterung des Computers zum lokalen und weltweiten Netzwerk und um den Ausbruch aus der Datentechnik in die Welt der Töne und Bilder. Schlagworte wie Datenautobahn, Multimedia und Internet sind Symbole und Bedeutungsträger dieser «neuen Informatik», die verstanden werden wollen. Hier setzt das «NetzWerkBuch Computer» an: Es führt in alle wichtigen Begriffe und Zusammenhänge fachlich korrekt und leicht lesbar ein, als originelle und präzis aufbereitete Lehr- und Lernhilfe. Sorgfältig konzipierte fächerübergreifende Vernetzungen erleichtern den Zugang aus verschiedenen Richtungen. **Oberstufe**

Br., A4, 144 S.,
Fr. 42.–/€ 21.–
ISBN 3-7296-0515-1

Käthi Zürcher

Werkstatt-Unterricht 1x1

Didaktisches und Praktisches

Das Arbeitsbuch bietet im ersten Teil «Didaktisches» – Planung, Vorbereitung und Durchführung des Werkstatt-Unterrichts – und im zweiten Teil «Praktisches» – eine Einmaleins-Werkstatt mit allem Drum und Dran. In der Zusatzmappe finden sich «Übungsaufgaben und Kartenspiele», die den künftigen WerkstattlehrerInnen den Einstieg in den Werkstatt-Unterricht erleichtern. **Unter- + Mittelstufe**

Br., A4, 152 S., **Fr. 35.–/€ 17.50**
ISBN 3-7296-0240-3

Zusatzmappe

60 Ausschneide-Bögen

Br., A4, **Fr. 42.–/€ 21.–**
ISBN 3-7296-0241-1

Josef Hochstrasser

Religion

«Es ist beeindruckend, welche Fülle an methodischen und inhaltlichen Ideen und Bausteinen der Verfasser vorlegt.» *R.G.*

Aus dem Inhalt: Kruzifix, Totem und Engel. Was ist Religion? / Nach Gott fragen / Verbrennt ihre Leiber, befreit ihre Seelen! Der Umgang mit Ketzern / Fünf grosse Gestalten aus der Welt der Religionen: Zarathustra, Konfuzius, Siddhartha, Jesus, Mohammed / Die Bibel – kein Buch für den Abfalleimer? Interaktioneller und befreiungstheologischer Zugang / Hort der Sicherheit oder gefährliche Verführer? Fundamentalismus – Sekten. **Oberstufe**

Br., A4, 176 S.,
Fr. 45.– / € 24.50
ISBN 3-7296-0607-7

Ruth Daellenbach (Hrsg.)

fremd

Werkbuch gegen Rassismus

Im 1. Teil werden 15 Comics zum Thema kommentiert. Der didaktische 2. Teil zeigt, wie die Thematik im Unterricht angegangen werden kann. Eingesetzt werden Polaroidkamera, Tonbandgerät, Familienfotos, Zeitungen, Videos. Dank den leicht verständlichen Thesen und den illustrativen Comics können Vorurteile und Mechanismen der Ausgrenzung aufgespürt werden.
Mittel- + Oberstufe

Br., A4, 4farbig, 112 S.,
Fr. 38.–/€ 19.–
ISBN 3-7296-0504-6

Esther Bisset / Martin Palmer

Die Regenbogenschlange

Geschichten vom Anfang der Welt und von der Kostbarkeit der Erde

Dieses Buch wurde für den WWF verfasst, um das Umweltbewusstsein an den Schulen in verschiedenen Unterrichtsbereichen (Religion, Geografie, Geschichte, Naturkunde, Ökologie, Ethik) zu fördern. Es spielt eine wichtige Rolle bei der Erziehung zur Toleranz gegenüber anderen Kulturen und Rassen und zum rücksichtsvollen Umgang mit der Natur.
Für 9 – 13-Jährige

Br., 102 S.,
Fr. 32.–/€ 16.–
ISBN 3-7296-0259-4

Elisa Hilty

Einäuglein Zweiäuglein Dreiäuglein

Wege zum Märchen

Die Autorin zeigt den Stellenwert des Märchens im Leben des Kindes auf. Man kann das Buch wie einen Zaubertrank zu sich nehmen und wird das Glas kaum zwischendurch abstellen. Dabei ist der Inhalt klar und einfach strukturiert. Der Band kann allen, die mit Kindern zu tun haben, bestens empfohlen werden.
Kiga + Unterstufe

Br., A4, 136 S.,
Fr. 35.–/€ 17.50
ISBN 3-7296-0291-8

Martin Keller

Gedichtwerkstatt

Ein Einstieg in die Welt der Poesie

Entdeckend, lesend, zeichnerisch-gestaltend, mit Rock, Rap oder Klassik, im Schulzimmer und draussen erleben Martin Kellers Schülerinnen und Schüler die vielfältige Welt der Gedichte. Gefragt ist Selbsttätigkeit und handelndes Lernen, selten wird eine vorgegebene Lösung angepeilt. Die Gedichtwerkstatt besteht aus über 50 Arbeitsblättern. Auf dieser Schatzkiste von Vorschlägen kann aufgebaut werden. **Oberstufe**

Br., A4, 98 S.,
Fr. 39.–/€ 21.50
ISBN 3-7296-0516-X

Hansheinrich Rütimann

Sprachentdecker

Eine Grammatik-Werkstatt

Vorgestellt wird das Modell einer phantasievoll gestalteten 3-Phasen-Werkstatt, in der Grammatik auf neue, unkonventionelle Art vermittelt wird. Kinder sind die grössten Entdecker, Sprache kann zum Abenteuer werden. Im Mittelpunkt stehen nicht Sprachlehre, Regeln und System, sondern das Phänomen, wie Sprache gegenständlich begreifbar funktioniert. **Unter- + Mittelstufe**

Br., A4, 192 S.,
Fr. 47.–/€ 23.50
ISBN 3-7296-0458-9

Hansheinrich Rütimann

Die Lesestadt

Spiele, die auf der Hand liegen

Den Kindern wird ein anderer Zugang zum Lesenlernen eröffnet. Anreiz ist das topographische Erlebnis von Buchstabe und Schriftsprache – die Kinder bewegen sich zwischen Wörterhäusern und Silbenfenstern u. ä. Anliegen ist, im Umgang mit geschriebener Sprache etwas greifbar zu machen, damit es begriffen werden kann und Kinder handelnd lesen lernen. Ein sehr erfolgversprechendes Konzept.
Unter- + Mittelstufe

Br., A4, 192 S.,
Fr. 43.–/€ 21.50
ISBN 3-7296-0320-5

Christa und Emil Zopfi

Wörter mit Flügeln

Kreatives Schreiben

Die Autoren bieten eine Fülle verschiedenster Einstiegsmöglichkeiten und Sensibilisierungsübungen. Sie zeigen unübliche Wege auf, von der Idee übers Entwerfen bis zum Veröffentlichen der Texte. Wir lernen, Schreibblockaden zu überwinden und den eigenen Stil zu finden. Textproben aus Kursen mit Erwachsenen, Kindern und Jugendlichen illustrieren die Trainingsmöglichkeiten und machen das Werkbuch auch zu einem Lesebuch. **Alle Stufen**

Br., A4, 128 S.,
Fr. 39.–/€ 19.50
ISBN 3-7296-0505-4

Christa und Emil Zopfi

Leichter im Text

Ein Schreibtraining

Ein Begleitbuch für das persönliche Schreibtraining. Über hundert erprobte Übungen geben Impulse für alle wichtigen Schritte im Schreibprozess: das Aufspüren von Themen, das Entwickeln von Ideen, das Bearbeiten von Texten nach Form und Stil.
Geeignet für: Einsteiger/innen, Schreibbegeisterte, professionelle Autor/innen, Unterrichtende, Student/innen und Schüler/innen ab der Oberstufe. Viele der Übungen lassen sich auch im Sprachunterricht auf **allen Schulstufen** einsetzen.

Br., A4, 128 S.,
Fr. 39.–/€ 22.50
ISBN 3-7296-0626-3

Silvia Herdeg
Adrian Tuchschmid

Lesen und Schreiben für Erwachsene

Immer mehr Menschen leiden unter Illetrismus – Lese- und Schreibschwäche. Die Autoren entwickelten in ihrer langjährigen Praxis einen Ansatz, welcher auf der psychischen Befindlichkeit und den Lernbedürfnissen der Betroffenen aufbaut.
Aus dem Inhalt: Psychologie nach Carl Rogers / Sprachpädagogik / Lernklima / Gruppenintegration / Autobiografisches Schreiben / Lernbiografie / Umgang mit Diktaten und Fehlern / Öffentliches Schreiben / Schreibhaltung / Arbeits- und Lerntechniken.

A4, Br., 128 S.,
39.– / € 26.–
ISBN 3-7296-0652-2

Bettina Egger

Bilder verstehen

Wahrnehmung und Entwicklung der bildnerischen Sprache

«Zeichnen und Malen sind Ausdrucksform für den momentanen psychisch-physischen Zustand wie Erinnerung an die Vergangenheit. Bettina Egger zeigt diese Urformen an Bildbeispielen von zeitgenössischen Künstlern, anhand der figurativen Phasen von Kindern und in Ausdrucksbildern von Erwachsenen auf.» *ZZ*

Br., A4, 168 S.,
Fr. 35.–/€ 17.50
ISBN 3-7296-0183-0

Bettina Egger

Malen als Lernhilfe

Malen und bildnerisches Gestalten mit verschiedenen Materialien

«Bildnerisches Gestalten auf Vorschul-, Kindergarten- und Primarschulunterstufe, besonders auch für die Arbeit mit geistig und körperlich behinderten Kindern. Ein faszinierendes Buch, eine eigentliche Pädagogik des Malens.» *E.B.*

Br., A4, 136 S.,
Fr. 35.–/€ 17.50
ISBN 3-7296-0150-4

Bettina Egger

Faszination Malen

Praktisches, Erzieherisches, Anregendes

Malen und die Malergebnisse als Prozess akzeptieren, nicht deutend oder unter entwicklungspsychologischen Gesichtspunkten einordnend. Anregungen, aber auch Hinweise auf die Schwierigkeiten, die bei der Einrichtung eines Malraumes auftreten können.

Br., A4, 168 S.,
Fr. 35.–/€ 17.50
ISBN 3-7296-0106-7

Bettina Egger (Hg.)

Ereignis Kunsttherapie

Bettina Eggers Anliegen ist, Kunsttherapie als eigenständigen Beruf zu etablieren und dafür eine gründliche Ausbildung anzubieten. Die Notwendigkeit und die Vielfalt der Möglichkeiten dieser Arbeit zeigen sich in diesem Buch.

Die Beiträge stehen für all jene, die in diesen und weiteren Gebieten mit dem Begleiteten Malen Not lindern, Selbstwert aufbauen, Therapien unterstützen, Menschen mit ihren Ressourcen und Qualitäten in Verbindung bringen und damit neue Perspektiven schaffen.

Br., A4, 128 S., mit 100 Farbbildern.
Fr. 42.– / € 28.–
ISBN 3-7296-0660-3

Bettina Egger

Der gemalte Schrei

Geschichte einer Maltherapie

Am Beispiel von Lynn illustriert die Autorin, wie sich eine Frau während fünf Jahren immer mehr dem Trauma nähert, das sie seit ihrer frühesten Kindheit mit sich herumträgt. Während des Malens wird ihr bewusst, was sie belastete und an ihrem Frau-Sein hinderte: sie wurde in ihrer Kindheit von ihrem Vater sexuell missbraucht und verdrängte später den Inzest. Erst in ihren Bildern kann sich Lynn dem nähern, was in ihrem Bewusstsein keinen Platz hatte. Langsam findet das Verdrängte Ausdruck, liebe- und verständnisvoll betreut von der Maltherapeutin.

Br., A5, 176 S. Mit zahlreichen farbigen Bildern von Lynn.
Fr. 39.– / € 19.50
ISBN 3-7296-0382-5

Bettina Egger

Träume malen und verstehen

Für Bettina Egger ist klar, dass aus den Bildern tausendfache Anregungen geschöpft werden können. Inspiriert durch die nächtlichen Traumbilder erschaffen Pinsel und Farbe Bilder, die sich sehr einfach als therapeutische Ausdrücke der Seele interpretieren lassen. In ‹Träume malen und verstehen› zeigt sie diesen Ansatz. Was Eggers Buch überaus spannend macht, ist der Versuch, auch neuronale Erkenntnisse mit ihren Erfahrungen über das Malen von Traumbildern zu kombinieren.

Für sie ist es unerlässlich, die Intuition zu Hilfe zu nehmen und die Traumbilder ‹metaphorisch› zu malen. Erst dadurch kann Erkenntnis entstehen

Br., A5, 176 S., mit vielen Farbbildern
Fr. 44.–/ € 22.–
ISBN 3-7296-0513-5

Thomas Lüchinger

Intuitiv Zeichnen

Sehen mit allen Sinnen

Zeichnen wird bei Thomas Lüchinger zu einer Reise, die unendlich viele Möglichkeiten eröffnet. Das Buch enthält erprobte Übungen, die zum Experimentieren mit verschiedensten Objekten, Materialien und Situationen anregen, zum spielerischen und sorgfältigen Umgang mit dem Sehen, mit sich selbst und den anderen. Ein Buch für alle, die Zeichnen lernen wollen als Ausdruck von Hingabe, Spiel und Improvisation. **Oberstufe**

Br., A4, 160 S.,
Fr. 42.–/€ 21.–
ISBN 3-7296-0506-2

Mit Herz und Hand

Notizen zum Menschenzeichnen

Zuerst werden Einstiegsmöglichkeiten zum Thema dargestellt: Bildbetrachtungen, Spielformen, sprachliche Einstiege, die sich auch in anderen Fächern bewähren, überall dort, wo sich Menschen mit dem Thema «Mensch in der Gruppe» befassen. Es folgen Arbeitsvorschläge: Schattenrisse, Arbeiten mit Ton, Linolschnitt, Maskenbau, Spielaktionen usw.

1.–9. Klasse

Br., A4, 152 S.,
Fr. 35.–/€ 17.50
ISBN 3-7296-0213-6

Madeleine Mahler

Tanz als Ausdruck und Erfahrung

Die Tanzpädagogin Madeleine Mahler zeigt, wie mit dem Tanz aus eigenem Erleben Bewegungsfreude entstehen kann. Den Hauptteil des Buches nehmen die Beschreibungen von vier Tanz-Zyklen ein, als Einstimmung werden die passenden Improvisationen aufgeführt, die Musikstücke werden nach Pulsschlägen ausgezählt und dazu die Bewegungsabläufe notiert. Ein anregendes Buch, das den Weg zu eigenem Gestalten weisen kann.
Oberstufe

Br., A4, 128 S.,
Fr. 35.–/€ 17.50
ISBN 3-7296-0242-X

Madeleine Mahler

Kreativer Tanz

Der kreative Tanz schult und formt mit Hilfe von Bewegungsübungen den Körper auf eine spielerische Art. Madeleine Mahler bietet eine Vielfalt von Möglichkeiten der Lektionsgestaltung. Dabei fällt das Wechselspiel zwischen Improvisation und Gestaltung besonders auf. Trotz der Vielseitigkeit hat dieses Werkbuch einen klaren Aufbau. Viele Skizzen und Fotos laden zum Ausprobieren ein. **Oberstufe**

Br., A4, 120 S.,
Fr. 35.–/€ 17.50
ISBN 3-7296-0103-2

Tanzen in Schule und Freizeit

Tanzchuchi

Einführung in die Grundlagen des kreativen Tanzes, der Bewegung und Gestaltung, 60 Tanzbeschreibungen. Einheimische Tanzformen schlagen die Brücke zwischen Volkstänzen aus aller Welt und modernen Popformen. Im methodischen Teil sind Hinweise für die Erarbeitung der dargestellten Bewegungsformen enthalten. **Alle Stufen**

Br., A4, 208 S.,
Fr. 39.–/€ 19.50
ISBN 3-7296-0129-6

Begleit-CD/MC mit 15 Beispielen
CD 4233, Fr. 29.–/€ 14.50
MC 1233, Fr. 20.–/€ 10.–

Adelheid Ohlig & Team

Yoga ist (k)ein Kinderspiel

Yoga zuhause, im Kindergarten, in der Schule. Übungsbeispiele, verknüpft mit Anregungen, wie die Bedürfnisse und Fähigkeiten der Kinder berücksichtigt werden können.

«Die Autorinnen und der Autor haben einen freien Weg für die vielseitigen Möglichkeiten des Yoga gesucht. Der vorliegende, sorgfältig gestaltete Band eignet sich auch für Erwachsene, die mit Yoga erst anfangen oder es mit Kindern teilen wollen.» *Bibliorama*
Ab 4 Jahren

Br., 156 S.,
Fr. 36.–/€ 18.–
ISBN 3-7296-0446-5

Ulrike Meyerholz/Susi Reichle-Ernst

Kleine Clowns und grosse Töne

Altersgemässe Spielideen für Zirkusfans in Kindergarten, Grundschule, Musikschule, in Sportverein, Tanz- und Gymnastikstudio. Die Lieder, Geschichten und Musik, die sie dabei entdecken, über alle Sinne erfahren, ausprobieren und weiterentwickeln können, sind Eindrücke mit Langzeitwirkung, v. a. wenn intensiv an einem Zirkusprojekt gearbeitet wird.

Die Musikstücke auf der Begleit-CD zaubern eine Atmosphäre, die die Spielfreude der Kinder anregt, eigene Zirkusnummern mit ihren Fähigkeiten zu gestalten. **Von 4–10 Jahren**

Br., A4, 168 S., inkl. CD,
Fr. 59.–/€ 33.–
ISBN 3-7296-0637-9

Ulrike Meyerholz/Susi Reichle-Ernst

Einfach lostanzen

Dieses Buch und die beigefügte CD bieten eine Fülle von Anregungen, die für jegliche Art von Bewegungsunterricht, vom Turnsport bis zum modernen Ausdruckstanz geeignet sind. Einzel-, Paar- und Gruppenaufgaben bieten Kindern ab 10 Jahren, Jugendlichen und Erwachsenen Tipps zur spielerischen Improvisation und Bewegungsgestaltung. Die klare Beschreibung verspricht eine unkomplizierte Handhabung. **Ab 10 Jahren**

Br., A4, 160 S., inkl. CD,
Fr. 59.–/€ 29.50
ISBN 3-7296-0429-5

Ulrike Meyerholz/Susi Reichle-Ernst

Heisse Füsse, Zaubergrüsse

Ein neues Werkbuch der Erfolgsautorinnen Meyerholz/Reichle («Einfach lostanzen»). Diesmal für die Unterstufe (4 – 10 Jahre), wieder mit Begleit-CD, deren Melodien zum Erzählen und Fantasieren verführen und deren unterschiedlichste Rhythmen Kinder und LehrerInnen anregen, freie und choreographierte Bewegungen spielerisch einzuüben. – Von der pantomimischen Improvisation über das ausgelassene Herumtoben bis zur einstudierten kleinen Theatervorstellung.
Von 4 – 10 Jahren

Br., A4, 168 S., inkl. CD,
Fr. 59.–/€ 29.50
ISBN 3-7296-0565-8

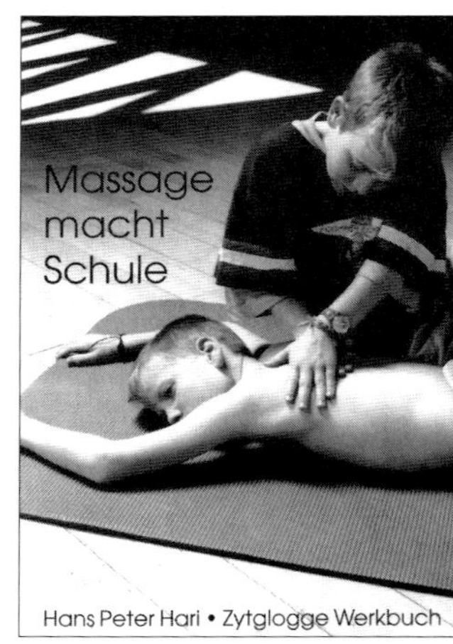

Hans Peter Hari

Massage macht Schule

Die grundlegenden Elemente der Massage können in wenigen Stunden erlernt werden. Das Werkbuch bietet einen guten Einstieg und eine umfassende Palette von Anwendungsmöglichkeiten. Eltern massieren ihre Kinder – und umgekehrt, Massage in Kindergarten und Schule macht immer mehr Schule. Jugendliche werden mit dem Körper, der Welt der Gefühle und körperorientierter Selbsterfahrung konfrontiert. **Alle Stufen**

Br., A4, 128 S.,
Fr. 42.–/€ 23.–
ISBN 3-7296-0514-3